EXERCICES
ORTHOGRAPHIQUES

MIS EN RAPPORT

AVEC LA GRAMMAIRE FRANÇAISE DE LHOMOND

D'APRÈS LA NOUVELLE ÉDITION

Par M. L. B.

A L'USAGE DES ÉCOLES PRIMAIRES.

POITIERS
HENRI OUDIN, IMPRIMEUR-ÉDITEUR

RUE DE L'ÉPERON, 4.

X

2498

EXERCICES
ORTHOGRAPHIQUES

MIS EN RAPPORT

AVEC LA GRAMMAIRE FRANÇAISE DE LHOMOND

D'APRÈS LA NOUVELLE ÉDITION

Par M. L. B.

A L'USAGE DES ÉCOLES PRIMAIRES

POITIERS
HENRI OUDIN, LIBRAIRE-ÉDITEUR

PROPRIÉTÉ.

C.

OBSERVATIONS

1º Les devoirs donnés aux élèves dans ces exercices sont gradués sur la Grammaire de Lhomond que nous avons rééditée.

2º Ces devoirs se succèdent en formant une série de numéros, et chacun répond en outre à un ou plusieurs numéros de la Grammaire, indiqués en tête, que la maîtresse pourra expliquer ou du moins que les élèves feront bien de relire et de consulter avant ce genre de travail.

3º Chaque exercice est divisé en deux ou trois parties marquées par des astérisques. Lorsque la maîtresse prévoira que le temps manquerait aux élèves pour faire l'exercice tout entier, elle pourra leur prescrire seulement l'une ou l'autre de ces divisions à son gré, sauf à reprendre, si elle le veut, à la classe suivante, celles qu'on aurait ainsi laissées.

4º Nous joignons à la fin de chaque exercice

un sujet d'analyse. Ces sujets d'analyses sont de petites phrases dans lesquelles se trouvent quelquefois des mots qui appartiennent aux dernières parties du discours, que les élèves qui ne font que commencer à étudier la Grammaire ne connaissent point encore. Elles ne pourraient pas évidemment analyser ces sortes de mots; elles devront donc les omettre, et pour qu'elles les reconnaissent, on les a imprimés en caractères italiques. Cette observation n'a lieu que pour la première partie des exercices, les élèves qui font les devoirs de la deuxième partie étant censées connaître toutes les parties du discours.

SUJETS D'EXERCICES
ORTHOGRAPHIQUES.

PREMIÈRE PARTIE.

CHAPITRE PREMIER.
Nom.

N° 11 DE LA GRAMMAIRE.
Soulignez les noms par un trait.

1ᵉʳ *Exercice.* — Dieu est un pur esprit, infiniment parfait. C'est un pur esprit, parce qu'il n'a point de corps, ni de figure, ni de couleur, et qu'il ne peut être aperçu par nos yeux et nos autres sens. Il est infiniment parfait, parce qu'il possède généralement toutes les perfections en un degré infini.

2ᵉ *Ex.* — Il n'y a qu'un seul et unique Dieu ; mais il y a trois personnes en Dieu : le Père, le Fils et le Saint-Esprit. Ce sont trois personnes distinctes qui ne sont qu'un seul et même Dieu, parce qu'elles ont toutes trois la même divinité,

Analyses · 1. Tête, Paris, France, plume. —2. Lion, lit, Rome.

la même nature, la même puissance, la même éternité, et enfin toutes les mêmes perfections.

3ᵉ *Ex.*—Avant la création de l'univers, Dieu qui est de toute éternité, existait en lui-même et par lui-même. Il n'y avait ni ciel, ni terre, ni mer, ni anges, ni hommes; ni bêtes, ni lumière; ni jours, ni années. Dieu a fait commencer quand il lui a plu le temps et le monde.

Il y a environ cinq mille huit cent cinquante ans que ce monde dure, et personne ne sait combien il plaira à Dieu de le faire durer encore.

Nº 12 DE LA GRAMMAIRE.

Soulignez les noms communs *par un trait et les* noms propres *par deux traits.*

4ᵉ *Ex.*—C'est vers mil cinq cent vingt que les Espagnols firent la découverte du tabac à Tabago, province du royaume de Yucatan. On prétend qu'ils l'avaient remarqué à Saint-Domingue dès mil quatre cent quatre-vingt-seize. Hermandez de Tolède, qui le premier envoya cette plante en Espagne et en Portugal, lui donna le nom de tabac, du lieu de son origine.

Analyses : 3. Gloire, flamme, Louis, Adam.—4. Charité, reine, Jacob, Esaü.

Jean Nicot, ambassadeur de François deux à la cour de Portugal, présenta cette plante au grand-prieur, à son arrivée de Lisbonne, et à la reine Catherine de Médicis en mil cinq cent soixante.

5e *Ex.* — Ils la firent appeler chacun de leur nom : nicotiane, l'herbe-au-grand-prieur, l'herbe-à-la-reine. François Drak l'introduisit en Angleterre en mil cinq cent quatre-vingt-trois, et Valter Roulegh, ministre de Jacques premier, l'y mit à la mode. Amurat quatre, empereur des Turcs, le grand-duc de Moscovie et le roi de Perse, en défendirent l'usage à leurs sujets, sous peine d'avoir le nez coupé ou même de perdre la vie.

6e *Ex.* — Jacques premier fit un livre contre l'usage du tabac, surtout du tabac à fumer. Il est terminé par cette tirade : C'est une coutume dégoûtante pour l'œil, détestable pour le nez, nuisible pour le cerveau, dangereuse pour les poumons, et qui, par la fumée noire et infecte qui en résulte, ressemble à l'horrible et infernale fumée de l'abîme qui est sans fond. Bien

Analyses : 5. Prince, Samuel, frère, David.—6. Joseph, Angleterre, champ, courage.

des gens aujourd'hui trouveraient l'invective du
bon roi Jacques un peu étrange.

N° 13 DE LA GRAMMAIRE.

Soulignez le masculin *par un trait et le* féminin
par deux traits.

7° *Ex.* — Ciel, marbre, ruisseau, étoile, mé-
téore, orage, firmament, rocher, lune, glace,
cuivre, lac, soleil, argent, grêle, plomb, nuage,
albâtre, houille, chaux, mer, tourbe, montagne,
brouillard, * pluie, air, tempête, étain, vent,
neige, étang, océan, jardin, table, maison,
cahier, plume, canif, saison, pupitre, cantique,
histoire, chant, livre, main, mois.

8° *Ex.* — Vitre, légume, carpe, autel, chaise,
écritoire, vase, fleur, blanc, champ, feuille,
écrevisse, hirondelle, encre, soulier, mouche,
poudre, daim, plante, chevreuil, atmosphère,
éléphant, * baguette, lion, bienfait, berger,
canne, calice, défense, élévation, divertissement,
entreprise, épagneul, force, éternité, évangile,
fourmi, gencive, habit, jeûne, ange.

Analyses : 7. Colombe, force, jardin, Charlemagne. —
8. Tante, Paul, perdrix, François.

9e *Ex.* — Entre tous les animaux il n'y en a point à qui l'homme, proportionnellement à sa grandeur, ne soit supérieur en force et sur qui il ne l'emporte encore par son adresse incomparable. Qu'on examine de près la pesanteur et la masse de la plupart des bêtes les plus terribles : * on trouvera qu'elles ont plus de matière que le corps d'un homme ; et cependant un homme vigoureux a plus de force de corps, que la plupart des bêtes farouches : elles ne sont redoutables pour lui que par leurs dents et leurs griffes.

10e *Ex.* — Mais l'homme qui n'a point dans ses membres de si fortes armes naturelles, a des mains dont la dextérité surpasse, pour se faire des armes, tout ce que la nature a donné aux bêtes. * Ainsi l'homme perce de ses traits, ou fait tomber dans ses piéges et enchaîne les animaux les plus forts et les plus furieux : il sait même les apprivoiser dans leur captivité et s'en jouer comme il lui plaît ; il se fait flatter par les lions et par les tigres, et monte sur les éléphants.

Analyses : 9. Oncle, douceur, religion, soldat. — 10. Fruit, bourse, tempête, fleuve.

N° 14 DE LA GRAMMAIRE.

Soulignez le singulier par un trait et le pluriel par deux traits.

11ᵉ *Ex.* — La main de Dieu nous soutient au milieu de tous les dangers. — Le cœur du vrai chrétien est toujours tranquille, son front calme, ses paroles douces. — Les contradictions, les humiliations, les souffrances, voilà, quoi qu'ils fassent, le partage des pécheurs. * — Saint Louis, roi de France, ne formait de désirs et ne se donnait de soins que pour le bien de ses peuples. — Marie se consacra au Seigneur dès sa plus tendre enfance. — Préférer quelque chose à Dieu, c'est, si on pouvait le comprendre, un désordre qui n'a pas de nom.

12ᵉ *Ex.* — La charité est universelle comme la foi : amis et ennemis, pauvres et riches, justes et pécheurs, juifs et gentils, elle embrasse tous les hommes qui vivent sur la terre. — Je dois aimer Dieu sans lequel père, mère, frères, sœurs et amis n'auraient jamais été. * — Tous les animaux marchent courbés vers la terre,

Analyses : 11. Histoires, Isaac, boîte, richesses. —12. Espérance, promenade, troupeau, Martin.

l'homme seul va droit sur ses pieds et le front levé vers le ciel, qui est sa véritable patrie. — Les honneurs, les grandeurs, la magnificence se perdent dans le tombeau.

13ᵉ *Ex.* — Les Anges eurent l'ordre d'adorer sur la terre le fils de Dieu incarné ; saint Joseph, en adorant avec eux le divin enfant, aurait eu droit de leur dire : Vous tous, Anges du ciel, vous pouvez bien l'adorer, le louer ; il est votre Seigneur, votre Créateur, votre Dieu ; * mais moi je peux de plus le caresser, le baiser, l'embrasser, parce qu'il est mon fils. Sans doute, Joseph n'était point le père de Jésus-Christ par nature ; mais il n'en avait pas moins toute autorité sur lui, tout droit de lui donner le nom de fils, en qualité d'époux de Marie.

Nᵒˢ 15-16 DE LA GRAMMAIRE.

Mettez au pluriel *les noms suivants.*

14ᵉ *Ex.* — Phrase, château, trépas, prix, partie, journal, pain, total, corbeau, neveu, phénix, louange, aigail, milieu, précepte, pro-

Analyses : 13. Sommeil, ville, rivières, campagnes. — 14. Arbres, fontaine, pré, animaux.

grès, crucifix, chalumeau, local, paix, bas,
réponse, cadeau, cardinal, corail, baleine, tapis,
honneur, vœu, * cerveau, canal, poids, poitrail,
feu, faveur, bras, toux, camail, lilas, fusil,
lionceau, adieu, soupirail, pois, barreau, lit,
capital, rebut, essieu, détail, hôpital, ballon,
courroux, rubis, croix, vernis, bénéfice, sain-
doux, noix, bergerie.

15ᵉ *Ex.* — Original, bâtiment, signe, bienfaisance, pays, arbrisseau, confessionnal, cail-
lou, ami, jour, relais, étendard, blaireau, con-
cours, mystère, palais, eau, désaveu, cloche,
chou, avis, personne, épieu, marteau, reptile,
paradis, * legs, nation, bêche, cervelas, pois,
esprit, langage, hibou, biez, processionnal,
abcès, boisseau, gaz, souffrance, cyprès, anis,
doigt, bois, roi, coucou, intelligence, madrigal,
creux, canevas, bibliothèque, betterave, chardon,
breuvage, coing, colonie, députation, recez.

Nᵒˢ 15-16 DE LA GRAMMAIRE.

Mettez au singulier *les noms suivants.*

16ᵉ *Ex.*—Services, prés, distributions, étoffes,

Analyses : 15. Etoiles, pénitence, enfants, armée. —
16. Marie, mer, étang, bergers.

fauvettes, fardeaux, pratiques, bourgeois, lois, faix, cabas, bals, cérémoniaux, clous, cheveux, nœuds, bocaux, buis, cristaux, souris, camaïeux, marais, atlas, * animaux, piédestaux, moyens, cérémonies, couteaux, logis, travails, panaris, villages, métaux, attirails, fanaux, vieillards, bourgs, aumônes, campos, généraux, alleux, bureaux, panais, arsenaux, remèdes, explications, bateaux.

17e *Ex.* — Réprimandes, fils, offrandes, cas, fourreaux, enjeux, grâces, docteurs, aulx, débris, arpents, cieux, plumeaux, mérites, sermons, coteaux, œuvres, vis, manteaux, yeux, chefs, estampes, testaments, étoiles, lieux, maquereaux, apôtres, soucis, ciseaux, fontaines, chrémeaux, croquis, martyrs, fuseaux, actes, épouvantails, enseignes, amiraux, autels, douleurs, écailles, bordures, sons, commerçants.

N° 17 DE LA GRAMMAIRE.

Soulignez les régimes des noms.

18e *Ex.* — Les fruits du jardin. — Les arbres

Analyses : 17. Réprimandes, douleur, commerce, sœurs. — 18. L'arbrisseau *de la* prairie.

de la forêt. — Les commandements de Dieu. —
Les agneaux des champs. — La sentence du tribunal.—Les oiseaux de l'air.—Les troupes de la
nation. * — La chasse à l'oiseau. — Les efforts
sans résultat.—Les négociants de la ville.—Les
fleurs du printemps. — L'auteur de la nature.—
L'accent de la douleur. — Le cachet de cire. —
L'histoire du temps. — Le pardon du coupable.
— La brièveté de la vie.—La longueur de l'éternité.—L'ami de l'enfance.

19e *Ex.* — La bienheureuse Vierge Marie est
mère de la charité et de l'espérance ; une parfaite confiance en sa bonté est un titre assuré à
sa protection : nous serons ses enfants si nous
imitons sa patience dans toutes les épreuves
dont sa vie fut semée. * Saint Ildefonse assure
que c'est peu de dire que les douleurs de la
sainte Vierge surpassèrent tous les tourments
des Martyrs ; l'unique consolation de Marie, au
milieu de la grande douleur que lui causait la
passion de son fils, était de voir le monde ra-
cheté et les hommes obtenir, par l'effusion du
sang divin, leur réconciliation avec Dieu.

Analyse : 19. *Les* souffrances *du* malade.

20ᵉ *Ex.* — Entre les fleurs, la tulipe est une de celles dont on admire le plus la forme et l'élégance. Point d'étoffes qui, par la variété et l'éclat des couleurs, par le mélange de la lumière et des ombres, puissent approcher de sa perfection. Serait-il possible qu'un tel chef-d'œuvre de la nature fût produit par un hasard aveugle et sans l'intervention d'une cause intelligente ? Chaque année il fleurit des millions de tulipes qui toutes diffèrent les unes des autres. Quelle main sème donc avec tant de profusion de si grandes richesses ?

21ᵉ *Ex.* — Passons maintenant à la rose, dont aucune fleur n'approche pour l'élégance, la forme, la distribution des feuilles, l'agrément des boutons, la gradation, la symétrie de ses parties, l'harmonie de l'ensemble : couleur, figure, parfum, tout charme dans la reine des jardins ; mais elle est la plus passagère, la plus fragile de toutes les fleurs, et bientôt elle perd les attraits qui la distinguent. Une observation même que nous fournit l'histoire des plantes,

Analyses : 20. *Les* qualités *du* cœur. — 21. *Les* vertus *de* l'enfance.

c'est que plus une fleur est belle et plus tôt elle
se fane.

CHAPITRE II.
Article.

N°⁹ 18-23 DE LA GRAMMAIRE.

Soulignez les articles.

22ᵉ *Ex.* — Le soleil paraît tourner chaque
jour autour de la terre, mais c'est réellement la
terre qui tourne autour du soleil. — Quand le
temps se refroidit beaucoup, vers la fin des nuits
d'été, la vapeur contenue dans l'air se dépose
en gouttes à la surface des plantes et produit la
rosée. — Les mines de charbon de terre sont, à
ce que l'on croit, le produit d'antiques forêts et
de débris de végétaux que les révolutions du
globe ont enfouis dans la terre.

23ᵉ *Ex.* — Tous les oiseaux qui chantent ont
leur poste favori : le chardonneret se plaît dans
les dunes sablonneuses; le rossignol dans les
bocages, le long des ruisseaux; la grive, la fau-
vette, le verdier cherchent à se rapprocher des

Analyses : 22. Le jour *et* la nuit. — 23. Les saisons *de*
l'année.

lieux habités. *La divine Providence n'a donné aucun chant agréable aux oiseaux de mer et de rivière, parce qu'il eût été étouffé par le bruit des eaux, et que l'oreille humaine n'eût pu en jouir à la distance où ils vivent de la terre. Les oiseaux aquatiques ont des cris perçants.

N°s 18-23 DE LA GRAMMAIRE.

Complétez les articles suivants.

24° *Ex.* — Tous l... hommes cherchent l... paix, mais ils ne la cherchent pas tous où elle se trouve. — A mesure qu'on se plonge dans l... mal, à mesure il naît d... désirs inquiets dans l... cœur. — L... salut d... hommes est précieux a... yeux de Dieu. * — Dieu donne à tous l... moyens de salut, a... petits comme a... grands, a... ignorants comme a... savants, a... hérétiques comme a... fidèles, a... barbare et a... sauvage comme a... habitants des cités. — L... monde se réjouit sans penser que l... vie s'écoule avec une rapidité effrayante. — L... actions de tous l... hommes paraîtront a... grand jour d... jugement.

Analyse : 24. La paix *et* la victoire.

25ᵉ *Ex.* — L... monarque du plus grand empire est sujet a... douleurs, a... peines, a... afflictions comme l... dernier de ses sujets; comme l... autres hommes il subira l... mort et sera cité a... tribunal d... souverain juge d... vivants et d... morts. ' — L... science et l... honneurs sont l... récompense ordinaire d... études.., d... fatigues et d... travaux de l... jeunesse. — L... douceur, l... bonté et l... bienfaisance distinguent l... hommes de bien d... méchants.

26ᵉ *Ex.* — L'éclat d... honneurs, d... grandeurs et d... plaisirs n'éblouit point l... yeux d... sages. — L... confusion couvrira l... front d... superbes. — L... humilité est l... fondement d... vertus. — L... lumière nous vient d... soleil pendant le jour, de l... lune et d... étoiles pendant l... nuit; nous nous procurons une lumière artificielle par l... combustion de l... huile, d... suif, de l... cire ou d... gaz. ' — L... liége mis a... fond de l... eau remonte à sa surface, parce qu'il est plus léger que l... eau. —

Analyses : 25. L'amour du prochain. — 26. La gloire du Seigneur.

L... or, l... argent, l... platine, l... cuivre et
l... fer, s'étendent aisément en lames et en fils;
l... étain et l... zinc sont moins ductiles, c'est-à-
dire qu'ils prennent moins aisément l... forme
qu'on veut leur donner.

27e *Ex*. — Dans sa plus grande violence, l...
vent renverse l... édifices et déracine l... arbres;
il lance l... pierres avec l... rapidité d... boulet;
il produit sur l... mer d... vagues d'une hauteur
énorme qui engloutissent l... vaisseaux ; il sou-
lève l... eaux et les pousse dans l... intérieur
des terres, où elles occasionnent de désastreuses
inondations. — Ni l... hommes ni l... animaux
ne pourraient vivre sans respirer l... air ; l...
plantes elles-mêmes ne pourraient s'en passer.
Pour l... bonne santé de l... homme et d... animaux, l... air doit être exempt d'infection et
d'une trop grande humidité.

28e *Ex*. — L... feu n'est guère moins utile
que l... eau et l... air; sans l... feu, l... homme
ne saurait exister dans l... pays très-froids, tels
que l... Sibérie, une grande partie de l... Russie

Analyses : 27. La prière des fidèles. — 28. Les souffrances de l'âme.

et de l... Amérique. Il vivrait même avec peine
dans l... climats tempérés, puisqu'il ne saurait
ni cuire ses aliments, ni forger l... métaux.* L...
feu n'existe naturellement que dans l... volcans
en éruption, ou dans l... corps enflammés par
l... foudre, ou dans ceux que leur fermentation
finit par embraser. Aucun animal ne sait produire l... feu pour ses besoins, l... homme seul
a su inventer l... moyens de s'en procurer.

CHAPITRE III.
Adjectif.

N° 24 DE LA GRAMMAIRE.
Soulignez les adjectifs.

29ᵉ *Ex.* — La personne civile. — La vieille
habitude. — L'âme fidèle. — Le gros arbre. —
La chapelle ardente. — Le bel oiseau. — Le fait
certain. — La grande affaire. — L'avis secret. —
La bonne mère. * — La campagne agréable. —
La grosse somme. — Le petit enfant. — La
belle orange. — La fleur nouvelle. — Le temps

Analyse : 29. Les dimensions du grand appartement.

calme. — L'élève intelligent. — Le caractère fermè. — L'amitié sincère.

30e *Ex.* — C'est un grand malheur qu'une grande ressemblance avec les êtres ignobles ! Les grenouilles communes sont, en apparence, si conformes aux crapauds qu'on ne peut aisément se représenter les unes sans penser aux autres; * on est tenté de les comprendre tous dans la disgrâce à laquelle les crapauds ont été condamnés, et de rapporter aux premières les habitudes basses, les qualités dégoûtantes, les propriétés dangereuses des seconds. * Nous aurons peut-être bien de la peine à donner à la grenouille la place qu'elle doit occuper dans nos esprits comme dans la nature.

31e *Ex.* — Mais il n'en est pas moins vrai que s'il n'avait point existé de crapauds, si l'on n'avait jamais eu devant les yeux ce vilain objet de comparaison qui enlaidit par sa ressemblance autant qu'il salit par son approche, la grenouille nous paraîtrait aussi agréable par sa conformation que distinguée par ses qualités, et intérès-

Analyses : 30. La fournaise ardente. — 31. La louange *de* l'enfant vertueux.

sante par les phénomènes qu'elle présente dans les diverses époques de sa vie; * nous la regarderions comme un animal utile dont nous n'aurions rien à craindre, dont l'instinct est épuré, et qui, joignant à une forme svelte des membres déliés et souples, est paré des couleurs qui plaisent le plus à la vue, et présente des nuances d'autant plus vives, qu'une humeur visqueuse enduit sa peau et lui sert de vernis.

Nᵒˢ 27-30 DE LA GRAMMAIRE.

Soulignez le masculin par un trait et le féminin par deux traits.

32ᵉ *Ex.*—La couleuvre des dames est un des plus jolis et des plus doux serpents. Sa petitesse, ses proportions, plus sveltes encore que celles de la plupart des autres espèces, ses mouvements agiles, quoique modérés, ajoutent au plaisir avec lequel on considère le mélange de ses belles teintes. * Il ne présente cependant que deux couleurs, un beau noir et un blanc assez pur, mais elles sont si agréablement contrastées ou réunies, et si animées par le luisant des écail-

Analyse : 32. L'horreur *de* la nuit obscure.

les, que cette parure élégante et simple attire l'œil et charme d'autant plus les regards, qu'elle n'éblouit pas comme des couleurs plus vives et plus éclatantes. Des anneaux noirs traversent le dessus du corps et de la queue, et en interrompent la blancheur.

33e *Ex.* —Ces bandes transversales s'étendent jusqu'aux plaques blanches qui revêtent le dessous du ventre; leur largeur diminue à mesure qu'elles sont plus près du dessous du corps, et la plupart vont se réunir sous le ventre à une raie noirâtre et longitudinale.

Comme plusieurs autres serpents, celui des dames est très-familier, il ne s'enfuit pas, et même il n'éprouve aucune crainte lorsqu'on l'approche : * bien plus, il semble que, très-sensible à la fraîcheur plus ou moins grande qu'il éprouve quelquefois, quoiqu'il habite des climats très-chauds, il recherche des secours qui l'en garantissent ; et sa petitesse, son peu de force, l'agrément de ses couleurs, la douceur de ses mouvements, l'innocence de ses habitudes inspi-

Analyse : 33. Les douces consolations.

rent aux Indiens un tel intérêt pour ce délicat
animal, que le sexe le plus timide, bien loin
d'en avoir peur, le prend dans ses mains, le
soigne, le caresse.

Nᵒˢ 27-30 DE LA GRAMMAIRE.

Formez le féminin *des adjectifs suivants.*

34ᵉ Ex. — Prudent, poli, difficile, ancien,
gros, supérieur, odieux, artificiel, complet,
public, pernicieux, continuel, exprès, méchant, grec, vieux, tranchant, petit, vif, muet,
neuf, loyal, quotidien, bouffon, nul, profond,
cruel, bel, net, gras, cotonneux, pécheur, sec,
bref, fertile, jaloux frais, charitable, blanc,
doux, lucratif, corporel, solitaire, rapide, singulier, prompt, chaud, général, trompeur,
aimable, charmant, fort, léger, mobile, naturel, pesant, simple, propre, épais, indiscret,
pieux.

35ᵉ Ex. — Défiant, sot, acquis, puissant,
humble, mortel, marécageux, noir, venimeux,
ardent, jeune, obscur, fier, froid, périlleux,

Analyses : 34. La peine capitale. — 35. L'espérance
ferme.

puéril, conditionnel, efficace, honteux, noble,
légitime, vain, populaire, onctueux, triomphant,
libre, modeste, ferme, égal, lent, * magnifique, solide, rare, bizarre, fatal, glorieux,
irrévocable, rude, sourd, sympathique, triste,
tranquille, vrai, cher, dur, clair, brillant,
grammatical, portatif, rusé, sage, précieux,
serré, élégant, religieux, tiède, pointu, faux,
tempéré, français, final, ambigu, contemplatif.

Nᵒˢ 27-30 DE LA GRAMMAIRE.

Mettez au masculin *les adjectifs suivants.*

,36ᵉ *Ex.* — Chanteuse, inventrice, deman-
deuse, mineure, conductrice, caduque, molle,
favorite, folle, franche, vieille, calculatrice ;
ultérieure, saine, sujette, partisanne, souffrante,
pauvre, inspectrice, gouvernante, inférieure,
pacificatrice, vertueuse, énigmatique, bonne,
régulière, correcte, creuse, coulante, * grave,
catholique, odorante, craintive, obligeante,
lâche, bleue, pourprée, sensible, joyeuse,
faible, ténébreuse, hardie, ronde, judicieuse,
incivile, savante, magique, musulmane, longue,

Analyse : 36. Le doux espoir de la récompense.

4**

honnête, parfaite, commune, ridicule, païenne, étonnante.

37ᵉ *Ex.* — Bruyante, impétueuse, soudaine, turbulente, véridique, épineuse, nouvelle, heureuse, intérieure, amatrice, divine, fine, incommode, vilaine, élevée, favorable, inflammatoire, essentielle, bilieuse, aiguë, accablante, généreuse, oisive, scrupuleuse, rigoureuse, brûlante, confuse, inconstante, longitudinale, motrice, osseuse, transversale, oblique, gaie, brave, circulaire, chrétienne, exacte, chancelante, austère, dure, élastique.

Nᵒˢ 31-32 DE LA GRAMMAIRE.

Formez le pluriel *des adjectifs suivants.*

38° *Ex.* — Final, glacial, fatal, nouveau, principal, inviolable, sociable, épiscopal, vengeur, verbal, gris, prudent, dispos, témoin, exquis, beau, libéral, diligent, bon, veuf, franc, conciliateur, pascal, amer, critique, prochain, musical, orgueilleux, victorieux, humain, oblong, parleur, comtemplatif, tumul-

Analyses : 37. Les astres radieux du firmament. — 38. La générosité des grandes âmes.

tueux, terrible, châtain, studieux, paisible,
superbe, variable, spongieux, social, frêle,
vaillant, sauvage, compacte.

39ᵉ *Ex.* —Transparent, vigoureux, rampant,
numéral, serviteur, protectrice, secret, roux,
gouverneur, éternelle, solvable, littérateur,
rond, digestive, égal, irrégulier, ascendant,
géométrique, harmonieux, prodigieuse, sévère,
vaine, bienfaisant, * extravagant, fondamentale,
trompeuse, joli, mystérieuse, laborieux, provin-
cial, synodal, faux, enfantine, vermeille, malin,
calme, lointaine, grossier, prudente, sentencieux,
magique, active, rigide, médicinale, corrosive.

Nᵒˢ 31-32 DE LA GRAMMAIRE.

Mettez au singulier les adjectifs suivants.

40ᵉ *Ex.* — Laborieux, frais, légers, célestes,
aromatiques, stupides, transversaux, nasals,
pastoraux, habiles, charmantes, glorieux, im-
partiaux, engageantes, naturels, fatals, consolantes, joyeuses, souveraines, épanouies,
patriarchaux, * lents, maigres, spacieux, riches,

Analyses ; 39. La lecture des bons livres.— 40. Les couleurs brillantes des oiseaux.

respectueuses, moraux, vitrées, civiles, actuels, véritables, tumultueux, petites, touchants, profitables, abattus, baissés, odieux, affligés, tremblants, paternels, hautains, bénins, ennuyeuses.

41ᵉ *Ex.* — Terribles, forts, désarmés, chimériques, douces, dogmatiques, douloureux, éperdus, égarées, vagues, salutaires, bons, droits, ténébreux, larges, satinés, pétulantes, paroissiales, martiaux, élémentaires, médicales, satisfaits, mortifiants, littéraires, majestueux, respectables, défiants, vénérables, vindicatifs, voltigeantes, fâcheux, inébranlables, pierreux, fermes, inaccessibles, ombrageux, pompeuses, tyranniques, excessives, stupides, moqueurs, coulantes, moelleux, grêles, barbares, sourcilleux.

Nᵒˢ 33-37 DE LA GRAMMAIRE.

Soulignez par un trait le comparatif et par deux traits le superlatif.

42ᵉ *Ex.* — L'esprit faible, plus faible, trèsfaible. — Le serviteur soumis, plus soumis, aussi soumis. — La haie mince, plus mince,

Analyses · 41. Les plaines arides du désert. — 42. Le plomb *est un* métal *plus* lourd *que* le fer.

très-mince. — Le compagnon de voyage bon ,
meilleur , très-bon. * — La colline petite, très-
petite , aussi petite. — Le palais magnifique ,
plus magnifique, moins magnifique. — La figue
douce , plus douce , très-douce. — Le dogme
ancien, plus ancien, très-ancien.

43e *Ex.* — Un cœur docile, modeste et com-
plaisant se fait aimer de ses semblables. — Ce
livre est très-instructif, surtout fort agréable. —
La plus vive jeunesse, le plus robuste tempéra-
ment ne sont contre la mort que des ressources
trompeuses. — Saint Louis était naturellement
libéral et bienfaisant. — Malheur à l'enfant
obstiné et désobéissant ! * La grêle , les vents
orageux et le débordement des pluies sont très-
funestes aux moissons qui mûrissent. — La piété
est plus utile que la science. — La religion chrétienne est aussi ancienne que le monde. — Ces
greniers sont excessivement hauts.

44e *Ex.* — La parole douce acquiert beaucoup
d'amis et fléchit les ennemis. — La langue de
l'homme vertueux a une douceur qui le rend

Analyses : 43. L'élève *le moins* docile. — 44. L'histoire
la plus agréable.

4***

aimable.—Le sage est grand dans les moindres choses, le méchant est petit dans les plus grandes. — L'homme mondain prend les biens apparents pour les véritables. * — L'amitié est plus estimable que l'or et l'argent. — Le naufrage et la mort sont moins funestes que les plaisirs qui attaquent la vertu. — La vigne est de tous les plants celui qui porte le fruit le plus excellent. — Ces enfants sont moins sages et moins vertueux que leurs parents.

N° 35 DE LA GRAMMAIRE.

Mettez les adjectifs suivants au comparatif de supériorité.

45° *Ex.*.— Le soleil est... *grand* que la terre, il réjouit l'univers par l'influence de ses rayons. —L'abeille produit, par un admirable travail, un mets délicieux par sa douceur, elle est... *industrieuse* et... *utile* que la mouche qui ne sait que nous fatiguer par son bourdonnement et ses piqûres importunes. * — Quoique les jours de l'hiver soient... *courts* que ceux du printemps, ils nous paraissent cependant... *longs*, parce

Analyse : 45. La parole douce *et* insinuante.

qu'ils ne nous offrent pas le beau spectacle du
cette riante saison de l'année.

46ᵉ *Ex.* — La pierre-ponce est... *légère* que
la craie ; mise sur l'eau elle reste à la surface,
tandis que la craie coule au fond ; mais le liége
est encore... *léger :* on sait comment les pê-
cheurs ont su mettre à profit cette qualité qu'il
a de surnager sur l'eau. * — Si l'or est un métal
... *précieux* que le fer, celui-ci, en revanche,
est... *utile;* il est d'un usage journalier, et sa
dureté nous le rend indispensable dans une foule
de besoins.* — Le cerf est.... *timide* que le cheval, il fuit la présence de l'homme qu'il redoute
comme un tyran ; le cheval, au contraire, est
.... *courageux* que le cerf, il sert l'homme
comme un maître légitime et se prête à toutes
ses volontés.

Nº 35 DE LA GRAMMAIRE.

Mettez les adjectifs suivants au comparatif
*d'*inériorité.

47ᵉ *Ex.*— La science est... *utile* que la vertu,

Analyses : 46. L'or *est plus* brillant *que* l'étain.—47. La
raison *est moins* sûre *que* la foi.

elle n'est pas... *intéressante* pour le bonheur de l'homme. — C'est une erreur de croire que les qualités du cœur soient... *précieuses* que celles de l'esprit, un tel jugement n'est pas... solide qu'il est vain et léger. — Mon travail est... *laborieux* que le vôtre, mais les peines que vous prenez ne seront pas privées de récompense.* — L'absinthe est un breuvage fortifiant... *amer* et ... *désagréable* que le fiel qu'on présentait autrefois aux condamnés. — L'été n'est pas... *chaud* dans nos contrées qu'en Egypte et en Amérique, parce que les saisons intermédiaires de nos climats refroidissent davantage la terre.

Nº 35 DE LA GRAMMAIRE.

Mettez les adjectifs suivants au comparatif d'égalité.

48ᵉ *Ex.* — Le rational, l'un des ornements du grand-prêtre, était carré et double, il était... *long* que large, ayant un palme de longueur dans les deux dimensions. — On ne peut pas dire que les bontés de Dieu furent... *éclatantes* pour les juifs qu'elles l'ont été pour les chrétiens, *

Analyse : 48. Le mulet *aussi* fort *que* le cheval.

et déjà cependant sa tendresse pour l'ancien peuple était telle, que les juifs s'écriaient pleins de reconnaissance : Non, il n'y a point de nation qui soit... *favorisée* que la nôtre , qui ait ses dieux... *attentifs* à ses besoins , et... *présents* à ses prières comme l'est notre Dieu. — A l'ordre de Josué le soleil autrefois s'arrêta dans sa course durant l'espace d'un jour , et jamais jour, ni devant , ni après , ne fut... *long* que celui-là.

N° 37 DE LA GRAMMAIRE.

Mettez les adjectifs suivants au superlatif
absolu.

49ᵉ *Ex.* — Une personne quoique... *instruite* ne peut pas toujours rendre ses pensées d'une manière... *intelligible* pour les autres. — Il est ... *difficile* de se soutenir dans le chemin de la vertu , au milieu des piéges du monde, surtout si on n'y marche pas avec de... *grandes* précautions.* — Si je ne vis pas avec toute la sagesse chrétienne que me recommande l'Evangile, il me sera... *pénible* d'entendre au jour du juge-

Analyse : 49. Le chemin *très-*difficile.

ment un arrêt formidable porté contre moi. —
Nous avons des nuits... *obscures*, et il est im-
prudent de s'exposer à un long voyage, toujours
... *pénible* dans la plus mauvaise saison.

N° 37 DE LA GRAMMAIRE.

Mettez les adjectifs suivants au superlatif
relatif.

50° *Ex.* — La vaccine est une des... *belles* et
des... *utiles* découvertes des temps modernes. —
De toutes les parties du monde, l'Europe est
sans contredit... *peuplée* comme... *civilisée.* —
Les qualités extérieures ne sont pas toujours...
mal appréciées quand on sait surtout les employer
de la manière... *avantageuse* pour le service du
prochain. * — L'homme... *savant* a besoin d'un
guide pour sa propre conduite : s'il a la sagesse
pour diriger les autres, il se tromperait de croire
qu'il peut se suffire à lui-même : il faut comme...
ignorant, qu'il mette sa sûreté dans la docilité.* — Mon... *grand* ennemi est l'orgueil et
l'amour-propre; je trouve dans ce triste penchant
la source de tous mes maux. — Le... *petit* en-

Analyse : 50. La *plus* belle des découvertes.

fant, l'être... *faible* peut avoir la prétention bien permise d'aspirer à la gloire céleste.

N°s 39-42 DE LA GRAMMAIRE.

Soulignez par un trait les adjectifs de nombres cardinaux et par deux traits les adjectifs de nombres ordinaux.

51e *Ex.* — La vie des premiers pères du genre humain fut très-longue. Adam, après qu'il eut vécu cent trente ans, eut un fils qu'il nomma Seth; après la naissance de Seth il vécut encore huit cents ans, et tout le temps de la vie d'Adam fut de neuf cent trente ans. * Seth, à l'âge de cent cinq ans, eut un fils nommé Enos, et après la naissance d'Enos il vécut huit cent sept ans. Ainsi, la vie de Seth fut de neuf cent douze ans. Enos, à l'âge de quatre-vingt-dix ans, eut un fils nommé Caïnan, et depuis la naissance de Caïnan, Enos vécut encore huit cent quinze ans. Caïnan, à l'âge de soixante-dix ans, eut un fils nommé Malaléel, vécut encore huit cent quarante ans, et mourut âgé de neuf cent dix ans.

Analyse : 51. Les douze apôtres de la nouvelle loi.

52ᵉ *Ex.* — Malaléel avait soixante-cinq ans lorsqu'il eut un fils nommé Jared, et depuis la naissance de Jared il vécut encore huit cent trente ans, et tout le temps de sa vie fut de huit cent quatre-vingt-quinze ans. Jared, à l'âge de soixante-deux ans, eut un fils nommé Hénoch; il vécut encore huit cents ans après la naissance d'Hénoch, et il comptait neuf cent soixante-deux ans lorsqu'il mourut. Hénoch, à l'âge de soixante-cinq ans, eut un fils nommé Mathusalem, et depuis la naissance de Mathusalem il vécut trois cents ans, après lesquels il ne parut plus, parce que le Seigneur l'enleva.

53ᵉ *Ex.* — Mathusalem, le huitième des patriarches, était âgé de cent quatre-vingt-sept ans à la naissance de Lamech, son fils, et il mourut dans sa neuf cent soixante-neuvième année. Lamech, le neuvième des patriarches, avait vécu cent quatre-vingt-deux ans lorsqu'il eut un fils nommé Noé, qui fut le dixième et le dernier des patriarches de la première période du monde.

Analyses.: 52. Les trois cent soixante-cinq jours *de* l'année scolaire. — 53. Le-dix-neuvième siècle *de* l'ère commune.

Lamech vécut encore cinq cent quatre-vingt-quinze ans après la naissance de Noé, et il mourut âgé de sept cent soixante-dix-sept ans.

54e *Ex.* — Ce fut l'an six cent de la vie de Noé, et le dix-septième jour du deuxième mois de la même année, que ce saint patriarche, par l'ordre de Dieu, entra dans l'arche, et que les eaux du déluge commencèrent à se répandre sur la terre. * La longueur de la vie humaine diminua de moitié d'abord, après le déluge, et elle avait déjà diminué des trois quarts au temps d'Abraham; enfin elle fut bientôt réduite à la mesure où elle est encore de nos jours.

55e *Ex.* — Dieu a béni quatre fois tout le genre humain : dans Adam, dans Noé, dans Abraham, dans Jésus-Christ. Dans Adam, par la multiplication de sa race; dans Noé, par la réparation de l'espèce humaine; * dans Abraham, par la vocation de tous les peuples à la foi; dans Jésus-Christ, pour le bienfait inestimable de la rédemption et de l'adoption divine *. Au temps de la première bénédiction, Dieu venait de créer

Analyses : 54. La moitié *de* la vie humaine. — 55. Le premier quart du dix-neuvième siècle.

2

le ciel et la terre; au temps de la seconde, il venait de remettre l'ordre dans le ciel ; au temps de la troisième, il promettait de réconcilier la terre avec le ciel; au temps de la quatrième, il ouvrait le ciel aux habitants de la terre.

Nᵒˢ 39-42 DE LA GRAMMAIRE.

Ecrivez en toutes lettres les adjectifs de nombre *suivants.*

56ᵉ *Ex.* — Il y a eu 23 papes qui ont porté le nom de Jean. Jean XXIII régnait au commencement du xvᵉ siècle. Il a été aussi le dernier des papes qui ait jusqu'à nos jours pris le nom de Jean ; il eut pour successeur Martin V, qui fut élu dans le concile de Constance, le 11 novembre 1417. Après le nom de Jean, le nom de Grégoire est celui qu'un plus grand nombre de papes a porté : il y a eu 16 papes du nom de Grégoire; et Grégoire XVI est mort le 1ᵉʳ juin 1846.

57ᵉ *Ex.* — Pie IX, qui lui a succédé et qui règne encore aujourd'hui, a été élu le 16ᵉ jour

---

Analyses : 56 Les cinq doigts *de la* main *ont ensemble* quatorze articulations. — 57. Les huit béatitudes évangéliques.

de la vacance du Saint-Siége. Saint Pierre, le
1ᵉʳ des papes, tint son siége à Rome pendant
25 ans; * et, à chaque nouvelle élection d'un souverain pontife, on souhaite au nouveau pape
qu'il voie les années de Pierre, c'est-à-dire qu'il
gouverne aussi longtemps l'Église; * et, en effet,
il n'y a aucun pape dont le règne ait duré 25 ans;
un de ceux qui en a approché le plus près, c'est
Pie VI, qui eut un pontificat de 24 ans et 6 mois.

Nᵒˢ 43-46 DE LA GRAMMAIRE.

Soulignez les adjectifs possessifs.

58ᵉ *Ex.*—Un maître disait à son élève : Vous
ne pouvez comprendre, mon enfant, combien
vos parents ont été bons pour vous. Votre bonheur est leur unique soin. Gravez donc bien
dans votre esprit ce précepte divin : « Honore
ton père et ta mère afin que tu vives longtemps
sur la terre. » Notre trésor est dans le Ciel. Nos
pensées doivent être saintes. J'aime ma mère.

59ᵉ *Ex.* — L'heure de mon Rosaire, disait
un Associé, est un moment de délices pour mon

Analyses : 58. La Vierge fidèle à Dieu. — 59. La tranquillité *de* l'âme.

cœur ; il me semble que Marie est à mes côtés,
et qu'elle sourit à son enfant.—Quand je m'en-
tretiens avec la sainte Vierge, disait un autre
Associé, des souffrances de son divin Fils, par la
méditation du Rosaire, j'éprouve un dégoût si
grand du monde et de ses plaisirs, que je voudrais pouvoir mourir ou devenir un Apôtre pour
travailler au salut des âmes. Ce sont là des
grâces bien grandes, et ces grâces ne sont pas
rares dans l'Association du Rosaire perpétuel.

* A vous, divine Vierge Marie, de nous enchaî-
ner par les liens de votre saint Rosaire ; de ré-
chauffer notre courage dans votre cœur de mère,
et de conduire vos enfants de vertus en vertus
jusqu'au couronnement mystique qui se con-
sommera dans le Ciel.

60ᵉ *Ex.* — Ne passons au lit que le temps nécessaire à notre corps ; souvenons-nous qu'une
vie molle serait nuisible à notre santé et à notre
salut. C'est pourquoi fixons l'heure de notre lever, et habillons-nous promptement dès qu'elle
est venue. * Prenons, en cette occasion, saint
Vincent de Paul pour modèle. Le second coup

Analyse : 60.-Les âmes pleines *de* générosité.

de la cloche qui lui annonçait le réveil ne le trouva jamais sur son lit, dans la même situation que le premier. — Quand saint Etienne fut près d'expirer sous les coups de ses bourreaux, ses lèvres s'ouvrirent pour solliciter le pardon de ses meurtriers.

N°s 47-49 DE LA GRAMMAIRE.

Soulignez les adjectifs démonstratifs.

61e *Ex*. — Mon enfant, vous vous glorifiez trop de ce que vous possédez. Cet après-midi, encore, on vous entendait dire : Cette règle, ces plumes, ces cahiers, sont à moi. Croyez-moi, ce langage révèle, en vous, un sot orgueil. — Entrons dans cet auguste cénacle où Jésus fit la dernière cène avec ses disciples, et admirons la charité de ce bon Pasteur pour ses chers enfants. — Ce fut Parmentier qui découvrit la pomme de terre. Cette plante utile est originaire de l'Amérique. Elle fut longtemps inconnue aux Européens, qui ne commencèrent à en faire usage qu'après la disette de 1816.

62e *Ex*. — Notre-Seigneur apparut un jour

Analyses : 61. Le spectacle *de* la nature.—62. Des espérances *pour* plusieurs années.

à sainte Gertrude, portant sur ses épaules un grand et magnifique édifice : Voyez, lui dit-il, avec combien de travaux, de sueurs et d'inquiétude je soutiens cet édifice qui n'est autre que la Religion ! * Elle penche vers sa ruine dans tout l'univers, parce qu'il se rencontre peu de personnes dans ce monde qui veuillent faire ou souffrir quelque chose pour son entretien et son agrandissement. * Il faut que vous portiez une partie de ce fardeau ; car tous ceux qui s'efforcent par leurs paroles et leurs actions d'étendre la Religion sont autant de fortes colonnes qui soutiennent cette sainte maison et me soulagent en partageant avec moi la pesanteur de cette charge.

De tous temps les âmes sincèrement chrétiennes se sont empressées de donner à Dieu ce soulagement.

Nos 50-51 DE LA GRAMMAIRE.

Soulignez les adjectifs indéfinis.

63e *Ex.* — La prière n'est autre chose que l'expression d'un désir, le sentiment d'un besoin

Analyse : 63. La bonne mère des enfants.

humblement manifesté à Dieu. La mort des âmes
est la privation de l'union à Dieu, privation funeste, qui entraîne le dépouillement de toute
vertu utile au salut et de tout droit au bonheur
de l'éternité. Prions donc chaque jour pour les
malheureux pécheurs.* — Aucun de nous n'entrera dans le Ciel s'il ne fait pénitence, — Tous les
Saints ont été humbles. — Un danger quelconque cesse d'être à craindre quand il a été prévu
sous les yeux de Dieu, et qu'on s'y expose pour
faire son devoir quel qu'il soit.

64° *Ex.* — Toute personne qui a la foi doit en
faire des œuvres. — Tout pécheur qui sait prier a
en lui un germe de vie, car la prière est le fruit
de la foi, de l'espérance et de la charité. — La
divine Providence partage ses dons divers aux
hommes et les donne à chacun selon leur
emploi.* — En lisant saint François de Sales, on
s'écrie : Quel cœur, quelle suave douceur !
N'ayons nul souci, nulle ambition que de
bien remplir nos devoirs. — Certain auteur dit
quelque part : Plusieurs personnes semblent
jouir d'une certaine paix, tant que les choses se

Analyse : 64. Les flots paisibles du fleuve.

passent à leur gré, mais si elles vont d'une autre
manière qu'elles ne désirent, elles s'affligent et
tombent dans la tristesse.

Nº 38 DE LA GRAMMAIRE.

Soulignez les adjectifs possessifs *par un trait et*
les adjectifs démonstratifs *par deux traits.*

65ᵉ *Ex.* — Les influences du saint Rosaire,
cette œuvre si féconde en heureux résultats, se
font sentir d'une manière bien frappante dans
les âmes. Nous en avons vu qui ont été vérita-
blement transformées depuis leur affiliation à
cette sainte milice. Nous en avons vu quitter
tout à coup une vie de dissipation et de légèreté
pour entrer dans une vie de méditation et de
pénitence. Ces âmes, qui ne pensaient aupa-
ravant qu'à leurs vanités, établissent maintenant
leur demeure sur le Calvaire et se nourrissent de
la pensée d'un Dieu crucifié, de ce Dieu notre
Père et notre Sauveur.

Nᵒˢ 52-54 DE LA GRAMMAIRE.

Complétez les mots en italique.

66ᵉ *Ex.* — Ces personnes son *bon...*, *bienfai-*

Analyses : 65. Les actions des hommes vertueux. — 66.
La religion *douce*, aimable.

sant... et *libéral*... — Les usages *universel*... ont force de loi. — L'homme *conrageu*... surmonte les difficultés. — *Heureu*... espoir que celui de jouir de la possession de Dieu! — Le mensonge est *honteu*...* — Un monument *colossal* fait l'admiration des peuples. — A la mort, le riche et le pauvre son *éga*... — Les châtiments *terrib*... et *exemplair*... font toujours impression sur les esprits. — Un choix *capricieu*... ne vous fait point honneur.

67e *Ex.* — L'aigle a les yeux *étincelant*..., à peu près de la même couleur que ceux du lion, les ongles de la même forme, l'haleine tout aussi *fort*..., le cri également *effrayan*...* — Nés tous deux pour le combat et la proie, ils sont également ennemis de toute société, également *féroce*.., également *fier*... et *difficile*... à réduire; on ne peut les apprivoiser qu'en les prenant tout *petit*...* — L'aigle a le bec et les ongles *crochu*... et *formidable*...; sa figure répond parfaitement à son naturel. Indépendamment de ses armes, il a le corps *robust*... et *compact*..., les jambes et les ailes très *fort*...,* les os *ferme*..., la chair

Analyse : 67. La tortue *et* la cigale paresseuses.

2*

dur..., les plumes *rude*..., l'attitude *fier*... et *droit*..., les mouvements *brusque*... et le vol très-*rapid*... C'est de tous les oiseaux celui qui s'élève le plus haut ; et c'est par cette raison que les anciens ont appelé l'aigle l'oiseau *célest*...

68ᵉ *Ex.* — La crécerelle est l'oiseau de proie le plus *commun*.... dans la plupart de nos provinces ; elle a un cri *précipit*..., plï, plï ; plï, ou prï, prï, prï, qu'elle ne cesse de répéter en volant. * Elle est un assez *bel*... oiseau, elle a l'œil *vif*... et la vue très-*perçant*..., le vol *aisé*... et *soutenu*...; elle est *diligent*... et *courageu*....; elle approche, par le naturel, des oiseaux *noble*... et *généreu*...; on peut même la dresser, comme les émerillons, pour la fauconnerie. * La femelle est plus *grand*... que le mâle, et elle en diffère en ce qu'elle a la tête *rouss*..., le dessus du dos, des ailes et de la queue rayé de bandes *tranversal*... *brune*..., * et qu'en même temps *tout*... les plumes de la queue sont d'un brun *rou*... plus ou moins *foncé*...; au lieu que, dans le mâle, la tête et la queue sont *gris*..., et que les parties

Analyse : 68. Le père *et* la fille vertueux,

supérieur... sont d'un *roux-vineu...* semé de quelques *petit...* taches *noir...*

69ᵉ *Ex.* — Le plumage de la pintade, sans avoir des couleurs *riche...* et *éclatant..,* est cependant très-*distingué...*: c'est un fond *gris-bleuâtre...* plus ou moins *foncé...* sur lequel sont semées, assez régulièrement, des taches *blanc...* plus ou moins *rond...,* représentant assez bien des perles; d'où quelques modernes ont donné à cet oiseau le nom de poule *perlé...* Les plumes de la partie *moyen...* du cou sont fort *court...* à l'endroit qui joint sa partie *supérieur...* où il n'y en a point du tout, puisqu'elles vont toujours croissant de longueur jusqu'à la pointe, où elles ont près de trois pouces. Ces plumes sont *duveté...* depuis leur racine jusqu'à environ la moitié de leur longueur, et cette partie *duveté...* est recouverte par l'extrémité des plumes du rang *précéden...,* laquelle est composée de barbes *ferme....* et accrochées les unes aux autres. Les yeux sont *grand...* et couverts, la paupière *supérieur...* a de *long...* poils *noir...*

Analyse : 69. La pomme *et* la cerise rouges.

N° 53 DE LA GRAMMAIRE.

Complétez les mots en italique.

70° *Ex.* — Le père et la fille sont *content...* des égards dont vous les avez comblés. — Le lièvre et la brebis sont trop *craintif...* pour chercher querelle aux autres animaux ; ils n'ont que des penchants et des mœurs *dou...* — Le canard et l'oie, *tardif...* et empruntés dans leur marche au milieu d'une basse-cour, sont *vif...* et *plein..* d'aisance quand ils se promènent sur l'eau tranquille d'un étang.

71° *Ex.* — Le feuillage et l'ombre *épais...* de ce vieil arbre offrent leur fraîcheur au moissonneur fatigué. — Il arrive quelquefois que le même événement nous cause un plaisir et une peine *extrême.* — Le frelon et la cigale *paresseu...,* nous représentent ces hommes lâches et désoccupés qui ne savent vivre que du travail des autres. — Voyez le chien et le chat *ennemi...* quoiqu'ils vivent dans la même maison : ainsi font les mauvais frères, ils ignorent le bonheur de la paix.

Analyses : 70. La mort *et* le jugement certains.—71. La charité pleine *de* ressources.

72ᵉ *Ex.* — L'oncle et la tante *vertueu...* sont un présent du ciel pour un jeune enfant orphelin. — Par l'orgueil et la paresse *honteu...* dont elle est l'esclave, votre jeune sœur se perdra quoiqu'elle ait reçu des talents et des qualités *naturel...* qu'on ne remarque qu'en bien peu de personnes. * — C'est par la culture que le figuier et l'olivier *sauvage...* sont devenus *franc...*; il y a aussi des soins et une culture *spirituel...* qui améliorent le cœur de l'homme.

73ᵉ *Ex.* — Après les bonnes nouvelles que j'ai reçues, ma nuit entière s'est passée dans un sommeil et un songe *agréable...* — Le papillon et la mouche *oisif...* s'agitent beaucoup sans produire un travail utile. * — Le rat et la belette ne sont guère moins *pernicieu...* l'un que l'autre, le rat dans nos maisons, la belette dans nos basses-cours.

N° 55 DE LA GRAMMAIRE.

Soulignez les adjectifs *par un trait et leurs* régimes *par deux traits.*

74ᵉ *Ex.* — Un homme qui sait souffrir pour

Analyses : 72. La personne charitable *envers* les pauvres. — 73. *Cueillez*-moi la plus belle fleur. — 74. Vous *couperez* les branches des arbres.

la vertu, est agréable à Dieu. — Les promesses de la religion sont consolantes pour les malheureux. — On ne saurait être trop reconnaissant envers ses parents de la bonne éducation qu'ils ont donnée. * — Les patriarches étaient particulièrement riches en esclaves et en bestiaux. — Le tigre, quoiqu'enivré de sang, en est pourtant encore altéré. — Rien n'est si funeste à la piété que le commerce du monde. — Employez vos richesses à rendre la vie plus supportable à des infortunés, que l'excès de la misère a peut-être réduits au déchirant désir de la mort.

75ᵉ *Ex.* — On est facilement content de son sort quand on s'abandonne à la Providence. — Notre divin Sauveur a été miséricordieux envers les pécheurs. — La foi, qui fait le fondement de la religion, est absolument nécessaire pour le salut. — La piété est affable envers tous et assidue au devoir de la prière. — Il n'y a rien de plus honteux que d'être inutile au monde, à soi-même, et que d'avoir de l'esprit pour n'en rien faire. — Tous les grands divertissements devien-

Analyse : 75. *Donnez*-lui la clef *de* la maison.

nent dangereux pour la vie chrétienne.— Il faut être lent dans le choix de ses amis. — Les mystères de la foi, les décrets de la Providence sont impénétrables à l'esprit humain. — Saint Louis était inexorable aux larmes tardives des blasphémateurs.

CHAPITRE IV.

Pronom.

Nᵒˢ 56-64 DE LA GRAMMAIRE.

Soulignez les pronoms personnels.

76ᵉ *Ex.*—Nous ne devons nous réjouir que lorsque nous avons fait le bien.—Je crois en Dieu, je l'adore, je l'aime. — Tu te repentiras toujours d'une mauvaise action, car une punition secrète y est attachée. — La jeunesse inexpérimentée croit pouvoir se suffire à elle-même. — Si vous êtes sage, vous recueillerez le fruit de votre sagesse. — Reçois les avis qu'on te donne et fais-les tourner à ton avantage. — Ayez pour le Seigneur des sentiments dignes de lui; ceux

Analyse : 76. *Être hostile et dangereux à soi-même.*

qui ne le tentent point le trouvent, et il se fait connaître à ceux qui ont confiance en lui. — C'est de moi, dit le Seigneur, que viennent la prudence et la force. — L'insensé s'offense des avis prudents qu'on lui donne ; mais le sage les écoute et en profite.

77ᵉ *Ex.* — Adam, après son péché, redoutant la présence de Dieu, se cacha. Le Seigneur l'appela : Adam, où es-tu ? Il répondit : J'ai craint votre présence, et je me suis caché. Le Seigneur répartit : Pourquoi as-tu craint, si ce n'est parce que tu as mangé du fruit dont je t'avais défendu de manger ? Adam répondit : La femme que vous m'avez donnée pour compagne m'a présenté de ce fruit, et j'en ai mangé. Le Seigneur dit à la femme : Pourquoi as-tu fait cela ? Eve s'excusa de même, en disant : Le serpent m'a trompée. Alors le Seigueur dit au serpent : Parce que tu as trompé la femme, tu seras maudit entre tous les animaux, tu ramperas sur ta poitrine et tu mangeras la terre ; je mettrai une inimitié entre toi et la femme, et un jour elle te brisera la tête.

Analyse : 77. Mon âme précieuse aux yeux *de* Dieu.

78ᵉ *Ex.* — Puis il dit à la femme : Je multi-plierai tes peines et tes souffrances, tu enfanteras dans la douleur , tu seras soumise à l'autorité de l'homme , et il te commandera. Enfin Dieu dit à Adam : Pour toi, parce que tu as écouté la voix de ta femme , la terre sera maudite à cause de ton péché; tu ne mangeras de ses fruits qu'a-vec beaucoup de travail , car elle ne produira d'elle-même que des ronces et des épines. Tu mangeras ton pain à la sueur de ton front , jus-qu'à ce que tu retournes dans la terre d'où tu as été tiré. Après cette sentence contre Adam et Eve , Dieu les chassa du Paradis terrestre.

Nᵒˢ 65-66 DE LA GRAMMAIRE.

Soulignez les pronoms réfléchis.

79ᵉ *Ex.* — Souvenez-vous que le bel âge n'est qu'une fleur qui sera presque aussitôt séchée qu'é-close. La vieillesse vous paraît éloignée : hélas ! vous vous trompez; elle se hâte, elle arrive, elle est là. — Nous nous aimons d'une manière désordonnée quand notre amour n'a en vue que

Analyses : 78. Le ciel votre patrie. — 79. Ce jardin plein de légumes.

les jouissances d'ici-bas, et l'on pourrait dire avec justice que c'est plutôt se haïr que de s'aimer de la sorte. — Mon fils, dit le sage, si les pécheurs te sollicitent par leurs caresses, ne te mêle point à eux, mais fuis leurs réunions.—Il n'est permis à personne de se louer soi-même ; qu'un autre vous loue, dit Salomon, et non pas votre propre bouche. — Ne vous habituez pas à la moquerie, cette mauvaise habitude nuit à la bonté du cœur.

N° 67 DE LA GRAMMAIRE.

Soulignez les pronoms possessifs.

80e *Ex.*— L'âme pieuse désire soulager ses parents défunts. Je veux soulager aussi les miens. Si une âme a aimé et pratiqué la mortification, elle sera soulagée en Purgatoire par les suffrages de la pénitence. Pour procurer à la vôtre ce soulagement, fuyez la sensualité. Dans le Purgatoire, les tourments des âmes des défunts unissent la durée à l'intensité ; là, les heures paraissent comme des jours ; les jours, comme des mois ; les mois, comme des années ; les années, comme des

Analyse : 80. Ces prairies émaillées *de* fleurs.

siècles. Que sont nos tourments en comparaison des leurs ? — Tout esprit droit dans ses appréciations, devrait se dire avec un saint Religieux, lorsqu'il est tenté de pécher : Un plaisir bien court et puis une douleur qui durera si longtemps ! — Comment faire un pareil choix ? Le mien est fait : le vôtre, le leur, le nôtre à tous ne doit-il pas être de fuir jusqu'à l'ombre du péché ?

81ᵉ *Ex.* — Votre histoire est belle, la mienne ne l'est pas moins ; écoutez : J'ai lu quelque part qu'un saint Évêque vit en songe un enfant lequel, avec un hameçon d'or et un fil d'argent, tirait du fond d'un puits une femme qui s'y noyait. A son réveil, jetant les yeux par la fenêtre, il aperçut ce même enfant agenouillé, priant sur une tombe du cimetière. Il l'appela et lui dit : « Que fais-tu là, mon ami ?» — « Monseigneur, je dis un *Pater* et un *Miserere* pour l'âme de ma mère, dont le corps repose en ce lieu. » — Le prélat comprit aussitôt que Dieu avait voulu lui montrer l'efficacité de la prière la plus simple ; il

Analyse : 81. Dieu qui nous *aime.*

crut que l'âme de cette mère venait d'être déli-
vrée, que l'hameçon d'or était le *Pater*, et le
Miserere le fil d'argent de cette ligne mystique.

Pour profiter de la mort des autres, je veux
apprendre à rendre la mienne bien sainte.
Chacun a son goût : le vôtre est bon, le sien
aussi. — Notre proposition est utile, mais la vôtre
est plus avantageuse.— Leurs profits sont considérables, mais les nôtres et les vôtres sont plus
sûrs. — Parlons moins des défauts d'autrui si
nous voulons qu'on supporte les nôtres.

N°ˢ 70-72 DE LA GRAMMAIRE.

Souligez les pronoms démonstratifs.

82ᵉ *Ex.* — Ce qui affligera une âme coupable
au moment de la mort, ce seront ces fautes
qu'elle aura commises, ces plaisirs qu'elle aura
recherchés, ces habitudes mauvaises et crimi-
nelles qu'elle aura contractées.— La femme qui
craint le Seigneur est celle qui mérite d'être
louée.*—Celui qui est maître de lui-même vaut
mieux que celui qui force les villes.— Que le
nom de Dieu et de ses Saints ne soit pas sans

Analyse : 82. Son frère que *j'estime.*

cesse dans et bouche, parce que tu ne seras pas en cela exempt de péché.

83ᵉ *Ex.* — Combien est vil celui qui délaisse son père, et combien est maudit de Dieu celui qui aigrit sa mère! — Parlez pour la cause de ceux qui sont injustement opprimés. — Celui-là est maudit qui fait l'œuvre de Dieu avec négligence. — Il vaut mieux aller à une maison de deuil qu'à une maison de festin, car, dans celle-là, on est averti de la fin de tous les hommes; et celui qui est vivant pense à ce qui doit lui arriver un jour. — De toutes les vertus, celle qui se fait le plus chérir, c'est l'humilité. — Ils périront ceux qui se réjouissent de la chute des justes.

Nᵒˢ 73-74 DE LA GRAMMAIRE.

Soulignez les pronoms relatifs.

84ᵉ *Ex.* — Dieu, qui récompense les bonnes œuvres, considère l'aumône; et celui qui la fait trouvera un appui au temps de sa chute. — Il faut considérer comme son prochain toute personne avec laquelle on est en rapport. — Dieu,

Analyses : 83. Qui *de* vous *ou de* votre sœur. — 84. On *chante* un cantique très-harmonieux.

dont nous admirons la sagesse, et que nous devons aimer et servir avec fidélité, nous destine un royaume éternel. — Ceux qui vieillissent ont été comme nous. * — Il n'y a point de mal dont il ne puisse résulter un bien et dont nous ne puissions profiter. — Le globe terrestre est fait pour durer quelque temps, au bout duquel il sera détruit : ce terrible événement sera précédé de signes épouvantables auxquels les habiles du siècle ne croiront pas.

85e *Ex.* — Il est des choses auxquelles il faut s'accoutumer pour vivre en paix avec tout le monde. — Celui qui tend une main généreuse aux pauvres, garde les commandements. — Je dois à Dieu la reconnaissance la plus sincère pour tous les biens dont il m'a comblé. * — La vérité retourne à ceux qui l'aiment. — Les lumières que la foi nous donne sont toujours accompagnées d'une onction céleste qui se répand secrètement dans le cœur.* — Les afflictions sont le gage le plus certain que Dieu puisse donner de l'amour qu'il a pour nous.

Analyse : 85. *Nonobstant* opposition *ou* appellation quelconque.

Nᵒˢ 75-76 DE LA GRAMMAIRE.
Soulignez les pronoms interrogatifs.

86ᵉ *Ex.* — Qui peut dire en présence de sa conscience : Mon cœur est pur, je ne crains rien ? — Quoi de plus admirable que cette harmonie que l'auteur de la nature a mise entre les éléments ? — Qui des mortels est content du sort que la Providence lui a assigné ? * — Lequel des deux, du monarque ou du berger, croyez-vous le plus heureux ? Qui ne croirait se tromper de donner la préférence au berger ? Cependant qui des deux est le plus tourmenté par les soins et les inquiétudes ?

Nᵒˢ 77-78 DE LA GRAMMAIRE.
Soulignez les pronoms indéfinis.

87ᵉ *Ex.* — Chacun de nous sera récompensé selon ses œuvres. — Si l'on remarque les défauts d'autrui, que ce soit pour n'y pas tomber soi-même. * — La crainte du Seigneur est le commencement de la sagesse, et l'une et l'autre est un don de Dieu. — On ouvre et on ferme son

Analyses : 86. Ses amis, les miens, les vôtres. —87. Tes sœurs, les siennes, les nôtres.

imagination comme un livre, on en tourne pour ainsi dire les feuillets. — Nul n'arrivera au Ciel que par le chemin des croix et des humiliations.

88e *Ex.* — Les uns donnent ce qui est à eux et sont toujours riches; les autres ravissent le bien d'autrui et sont toujours pauvres. — Quiconque parle beaucoup ne sera pas exempt de péché. — Aucun de ceux qui habitent sur la terre ne pourra se soustraire aux regards de Dieu après avoir commis l'iniquité. — Il y a plainte qui murmure et plainte qui soulage: l'une est permise, l'autre ne l'est pas. — Dieu donne aux hommes des talents divers, suivant les vues de sa Providence sur chacun d'eux.

N° 79 DE LA GRAMMAIRE.
Complétez les mots en italique.

89e *Ex.* — Il est un Dieu; les herbes de la vallée et les cèdres de la montagne *l* bénissent, l'insecte bourdonne *s* louanges, l'éléphant *l* salue au lever du jour, l'oiseau *l* chante dans le feuillage, la foudre fait éclater *s* puissance,

Analyses : 88. Aucun *de* vous *n'entrera dans* le jardin. — 89. Celui des enfants qui *est* le plus sage.

et l'Océan déclare *s* immensité ; l'homme seul a dit : « Il n'y a point de Dieu. » *

Il n'a donc jamais, l'athée dans *s* infortune, levé les yeux vers le ciel, ou, dans *s* bonheur, abaissé *s* regards vers la terre ? La nature est-elle si loin de *l* qu'il ne *l* puisse contempler, ou *l* croit-il le simple résultat du hasard ? Mais quel hasard a pu contraindre une matière désordonnée et rebelle à s'arranger dans un ordre si parfait ?

90° *Ex.*— Ceux qui ont admis la beauté de la nature, comme preuve d'une intelligence supérieure, auraient dû faire remarquer une chose *q* agrandit prodigieusement la sphère des merveilles : c'est que le mouvement et le repos, les ténèbres et la lumière, les saisons, la marche des astres *q* varient les décorations du monde, ne sont pourtant successifs qu'en apparence, et sont permanentes en réalité. La scène *q* s'efface pour nous, *s* colore pour un autre peuple ; ce n'est pas le spectacle *q* change, c'est le spectateur.

Analyse : 90. L'enfant pieux *et* doux *est* aimable.

2

Nᵒ 90 DE LA GRAMMAIRE.

Soulignez les pronoms *par un trait et leurs*
régimes *par deux traits.*

91ᵉ Ex. — L'étoile du matin est l'une des
plus belles étoiles du firmament ; mais aucun
des astres n'est aussi brillant que le soleil,
comme aucune des planètes ne fait sentir autant
que la lune ses influences sur la terre.— Je vais
me lever, a dit le Seigneur aux méchants ; je
ferai éclater ma puissance, et qui de vous pourra
demeurer dans le feu dévorant qu'ont mérité ses
crimes, qui d'entre vous pourra soutenir l'ardeur
des flammes éternelles? * — Le vert et le bleu
sont celles de toutes les couleurs qui sont les
plus douces à la vue, et sur lesquelles nos regards peuvent se reposer toujours sans se fatiguer jamais : témoins ces innombrables tapis
verts de nos campagnes et ce pavillon azuré du
ciel qui offrent à nos regards un si ravissant et
si attachant spectacle.

92ᵉ Ex. — On admirait dans Judith une vertu

Analyses : 91. La prière *est* la clef des trésors *de* Dieu.—
92. Le ciel *et* l'enfer prouvent la bonté *et* la justice *de* Dieu.

parfaite unie à un courage héroïque ; et quand elle allait combattre Holopherne, nulle des filles d'Israël ne méritait comme elle l'admiration de son peuple ; y aurait-il quelqu'un parmi les hommes qui pût ne pas louer l'amour qu'elle fit paraître pour la loi de ses pères et le salut de sa patrie ? — Quel est celui des animaux qui est le plus utile à l'homme ? Plusieurs d'entr'eux pourraient se croire en droit de revendiquer cette prérogative. — Ceux des enfants qui témoignent le plus de docilité à leurs parents, qui sont le plus appliqués à leurs devoirs et qui pratiquent la piété avec le plus de constance, sont aussi ceux qui méritent le mieux les bénédictions du ciel.

CHAPITRE V.
Verbe.

N° 81 DE LA GRAMMAIRE.
Soulignez les verbes.

93° *Ex.* — Dieu, qui est un pur esprit, a voulu créer de purs esprits comme lui; qui,

Analyse : 93. Les fleurs ornent le jardin.

comme lui, vivent d'intelligence et d'amour, qui le connaissent et l'aiment, comme il se connaît et s'aime lui-même; * qui sont bienheureux en connaissant et aimant ce premier être, comme il est heureux en se connaissant et aimant lui-même; et qui, par là, portent empreint, dans leur fond, un caractère divin par lequel ils sont faits à son image et à sa ressemblance.

94e *Ex.* — Il a tiré de ses trésors des esprits d'une infinité de sortes. De ces trésors infinis sont sortis les Anges; de ces mêmes trésors infinis sont sortis les âmes raisonnables, avec cette différence que les Anges ne sont pas unis à un corps, c'est pourquoi ils sont appelés de purs esprits : * au lieu que les âmes raisonnables sont créées pour animer un corps; et quoiqu'en elles-mêmes elles soient une substance purement spirituelle, elles composent avec leurs corps un tout qui est mêlé du corporel et du spirituel : et ce tout est l'homme.

95e *Ex.* — Dieu a formé les animaux en cette

Analyses : 94. Les pluies rafraîchissent la terre.—95. Le plus vieux des arbres est tombé.

sorte : Que la terre, que les eaux produisent les plantes et les animaux ; et c'est ainsi qu'ils ont reçu l'être et la vie. Mais Dieu, après avoir pris dans ses mains toutes-puissantes la boue dont le corps humain avait été formé, il n'est pas dit qu'il en ait tiré son âme, mais il est dit qu'il inspira sur sa face un souffle de vie : et c'est ainsi que l'homme a été fait avec une âme vivante. * Dieu fait sortir chaque chose de ses principes ; il produit de la terre les herbages et les arbres avec les animaux, qui n'ont d'autre vie qu'une vie terrestre et purement animale ; mais l'âme de l'homme est tirée d'un autre principe, qui est Dieu. C'est ce que veut dire ce souffle de vie que Dieu tire de sa bouche pour animer l'homme.

96e *Ex*. — Ce qui est fait à la ressemblance de Dieu ne sort point des choses matérielles ; et cette image n'est point cachée dans ces bas éléments pour en sortir, comme fait une statue, du marbre ou du bois. * L'homme a deux principes : selon le corps, il vient de la terre; selon l'âme, il vient de Dieu seul ; et c'est pourquoi, dit Salo-

Analyse : 96. L'aurore nous annonce la venue du soleil.

2***

mon, pendant que le corps retourne en la terre d'où il a été tiré, l'esprit retourne à Dieu qui l'a donné.

N° 82 DE LA GRAMMAIRE.

Soulignez le singulier *des verbes par un trait et* le *pluriel par deux traits.*

97ᵉ *Ex.*—Nous voulons qu'on nous approuve, qu'on applaudisse à nos défauts comme à nos vertus ; et quoique nous sentions nos faiblesses, nous sommes assez injustes pour exiger que les autres ne les voient pas, et qu'ils nous fassent honneur de certaines qualités que nous nous reprochons à nous-mêmes comme des vices. Nous voudrions que toutes les bouches ne s'ouvrissent que pour publier nos louanges, et que le monde, qui ne pardonne rien, qui n'épargne pas même ses maîtres, admirât en nous ce qu'il censure dans les autres.

98ᵉ *Ex.* — Comme nous nous aimons beaucoup nous-mêmes et que nous ne mettons point

---

Analyses : 97. Un véritable ami est un trésor précieux. — 98. C'est une gloire de la religion qu'elle console dans le malheur.

de bornes à nos désirs, nous ne sommes jamais contents de notre état, de notre élévation, de nos places; nous trouvons toujours qu'il manque quelque chose à l'avidité de notre amour-propre. Si nous n'avons pas tout ce que nous désirons, nous ne comptons pour rien ce que nous avons : nous nous épuisons en projets, en mesures, en prétentions; nous ne saurions jouir tranquillement de ce que la Providence nous offre; ce qui nous manque nous inquiète plus que ce que nous possédons ne réussit à nous satisfaire.

99e *Ex.* — Notre amour-propre s'est emparé de tout l'univers, et nous regardons tout ce que nous désirons comme notre partage. Les places et les honneurs qui échappent à notre cupidité et qui se répandent sur les autres, nous les regardons comme des biens qui nous appartiennent et qu'on nous ravit injustement; tout ce qui brille au-dessus ou à côté de nous, nous éblouit ou nous blesse. Nous voyons avec des yeux d'envie l'élévation des autres : leur prospérité nous inquiète; leurs succès forment un poison

Analyse : 99. Quelles mères n'aiment pas leurs enfants ?

secret dans notre cœur, qui répand l'amertume sur toute notre vie. Les applaudissements qu'ils reçoivent sont comme des opprobres qui nous humilient ; nous tournons contre nous ce qui leur est favorable ; et, peu contents des malheurs qui nous regardent, nous nous faisons encore une infortune du bonheur d'autrui.

Nº 83 DE LA GRAMMAIRE.

Indiquez les personnes des verbes par les chiffres
1, 2, 3.

100ᵉ *Ex.* — Je verrai partout, et avec joie, s'accomplir la volonté du Seigneur au dedans et au dehors de moi. — Les impies, au milieu de leurs plaisirs, ont une joie contrainte, parce qu'ils ne sont jamais contents de leur état ; ils voudraient repousser certains dégoûts, et goûter encore certaines douceurs qui leur manquent. — Abandonnons à Dieu tout ce qui nous regarde, et songeons à le glorifier sans relâche dans tous les moments de notre vie. — Sainte Catherine de Gênes disait un jour à Dieu : Seigneur, vous

Analyse.: 100. Les lis sont le symbole de l'innocence.

voulez que j'aime mon prochain, et je ne puis rien aimer que vous. Dieu lui répondit : Celui qui m'aime, aime tout ce qui m'est cher.

101ᵉ *Ex.* — Une vigne abondait en rejetons, en bois, en feuillage; elle semblait ne manquer de rien. Le vigneron, cependant, afin de jouir un jour d'une vendange copieuse, s'acquittait avec zèle du soin de la tailler. La vigne s'en plaignit. « Pourquoi, dit-elle, usez-vous avec moi de cette rigueur? Vous vous plaisez à me montrer votre tendresse, vous m'arrosez de vos sueurs, je puis me glorifier de votre amour; et cependant vous m'arrachez des pleurs. L'amour use-t-il d'une telle sévérité? » — « Ah! lui dit le vigneron, si vous connaissiez ma pensée, vous vous réjouiriez du mal que je semble vous faire, puisqu'il doit causer votre profit. Si je ne retranchais ces branches inutiles, si je ne vous déchargeais de ce bois trop abondant, vous ne jouiriez point de cette heureuse fécondité que vous désirez. » Tel est ce vigneron, tel est un sage maître : la rigueur qu'il emploie paraît d'abord

Analyse : 101. Nous vieillissons tous les jours.

amère, mais il ne manque jamais de tendresse ;
il ne cherche que le bien de ceux envers qui il
semble user de sévérité.

102ᵉ *Ex.* Un jeune enfant pour qui l'étude
avait bien peu de charmes, employait son temps
à former avec de la cire des joujoux divers. Son
maître l'aperçoit, lui fait une vive réprimande ;
mais il y gagne peu, il parlait à un sourd. En
vain il le menace, en vain il emploie les exhor-
tations, les prières. * « Cet importun, dit l'enfant, m'exhorte sans cesse au travail ; il est bien
plus doux de jouer, d'exercer son adresse. » Le
maître ne dit mot ; il eût parlé en l'air. Mais lui
cachant le moyen dont il veut se servir, il s'approche de ce mutin et contemple l'ouvrage.

103ᵉ *Ex.* — Puis tenant à la main quelques
morceaux de fer que lui avait apportés un voi-
sin : « Mon ami, lui dit-il, j'admire votre talent.
Ces figures très-bien faites en sont une preuve
complète ; j'en suis ravi, mon enfant ; mais je
vous demande une grâce. * Voici des morceaux

Analyses : 102. Tu te repentiras de ta trop grande confiance. — 103. Il soupé chez son père.

de fer, essayez sur eux ce merveilleux talent ;
tirez-en, je vous prie, quelque portrait, quelque figure ; accordez-moi cette faveur, vous ne
pouvez me faire un plus grand plaisir. » L'enfant, sur-le-champ, lui répond : « Vous exigez de
moi ce que je ne peux faire. Ce fer que vous me
présentez ne saurait se plier ; je n'en puis tirer
service comme de la cire. »

104e *Ex.* — « En vain réunirais-je tous mes
efforts, la chose est impossible. — Mon ami, lui
dit le maître avec douceur, vous n'êtes pas dépourvu de bon sens ; je vous avertis cependant
d'une chose, et je veux vous en convaincre : Le
fer, quelque dur qu'il soit, se façonne plus aisément qu'un caractère indocile. »

Si nous voulons n'être jamais accusés de ce
défaut, si nous voulons régler nos mœurs, cultiver nos talents, présentons aux personnes qui
nous prodiguent des soins et des avis, la flexibilité qu'offrait la cire à cet enfant.

Analyse : 104. Vous avez gâté ces fruits.

N° 84 DE LA GRAMMAIRE.

Soulignez les temps simples.

105° *Ex.* — Le sommeil est indispensable à l'homme ; il doit nécessairement s'y livrer, quels que soient son état et sa condition ; il est certain qu'une grande partie des commodités de la vie en dépendent. * Mais ses forces seraient bientôt épuisées, et il ne tarderait pas à devenir incapable de se servir des membres de son corps et des facultés de son âme, si Dieu n'avait continuellement soin de lui communiquer l'activité nécessaire pour remplir les fonctions de sa vocation. * Comme nous perdons à chaque instant quelque partie de notre propre substance, nous nous épuiserions bientôt et nous tomberions dans une langueur mortelle, si nos esprits n'étaient sans cesse renouvelés et ranimés.

106° *Ex.* — Pour que nous puissions suffire au travail qui nous est prescrit, il faut que notre sang fournisse toujours cette matière déliée, ce fluide infiniment subtil qui, mettant en jeu les

Analyses : 105. La mer élevait ses vagues. — 106. Les élus brilleront d'une gloire immortelle.

nerfs et les muscles, entretient l'action et le mouvement du corps. A l'entrée de la nuit les forces qui ont été en activité pendant le jour diminuent, les sens s'émoussent, et nous sommes invités au sommeil, sans pouvoir nous y refuser.* Dès que nous nous y livrons, il nous restaure et nous rafraîchit. Les méditations de l'esprit et les travaux des mains s'arrêtent tout à coup et, dans cette inaction si approchante de la mort, les membres fatigués se réparent : cette réparation les rend plus souples et plus flexibles.

107ᵉ *Ex.* — Le sommeil et la mort se rapprochent et sont pleins de conformités : qui pourrait penser à l'un sans se représenter l'autre? Aussi imperceptiblement que nous tombons aujourd'hui dans les bras du sommeil, aussi insensiblement un jour nous tomberons dans les bras de la mort. Celle-ci, il est vrai, annonce souvent son arrivée plusieurs heures et même plusieurs jours d'avance, mais l'instant effectif où elle viendra nous saisir arrivera tout à coup.* Je fais tous les jours l'apprentissage de la mort : le sommeil en est la vive image,

Analyse : 107. L'orgueil enfle le cœur de l'homme.

3

et dans l'un et dans l'autre état je suis sous la garde de Dieu même. Si durant mon sommeil sa bonté n'étendait sur moi sa main protectrice, à combien de dangers je serais exposé pendant la nuit! S'il n'entretenait et ne dirigeait les battements de mon cœur, la circulation de mon sang, le mouvement de mes muscles, le premier sommeil qui suivit ma naissance eût été celui de ma mort.

N° 85 DE LA GRAMMAIRE.

Soulignez les temps composés.

108e *Ex.*—Il est de foi que Dieu me demandera compte de toutes les grâces que j'ai reçues et que je reçois continuellement de lui. — Tel aurait été un grand homme si on ne l'eût jamais loué, mais la louange l'a perdu. Elle l'a rendu vain, et sa vanité l'a fait tomber dans des faiblesses pitoyables et en mille simplicités, qui inspirent pour lui du mépris.*—La physionomie n'est pas une règle qui nous soit donnée pour juger des hommes : elle nous peut seulement servir

Analyse : 108. Les Martyrs ont acheté le ciel au prix de leur sang.

de conjectures.— Ce qui prouve que nous sommes faits pour la vertu, c'est que toutes les vertus se tiennent et sont compatibles ensemble.

109ᵉ *Ex.* — Nous nous élevons au-dessus des autres comme si nous avions plus donné à Dieu. — Les hommes sont souvent conduits au mal, parce qu'ils se laissent dominer par la colère, la jalousie, l'ambition; mais combien de fois aussi leurs torts sont-ils venus d'une éducation mauvaise qui leur avait laissé ignorer les plus importantes notions de justice et de sagesse. — On a trouvé que la chaleur s'accroît à mesure qu'on creuse plus avant dans le sol : ce qui a donné lieu à quelques savants de croire que l'intérieur du globe est dans un état de fusion, et que sa surface ne forme qu'une croûte refroidie. — Les montagnes sont rarement isolées : elles sont placées à la suite les unes des autres, et forment des chaînes de montagnes.

110ᵉ *Ex.* — Les livres saints qui ont conservé la religion jusqu'à nous, renferment les premiers monuments de l'origine des choses. — On ne

Analyses : 109. Nous aurions trouvé la source de la fontaine. — 110. *Si* vous eussiez quitté vos habits de fête.

peut trop admirer les merveilles que Dieu a opérées dans tous les temps, pour empêcher que les portes de l'enfer prévalussent contre son Église; * en vain chaque siècle a enfanté des docteurs de l'erreur et du mensonge, des esprits rebelles et audacieux qui ont conspiré contre l'Église; en vain les siècles à venir en verront encore naître : tous leurs efforts se sont brisés et se briseront contre la pierre qui lie et soutient l'édifice.

Nᵒˢ 86-87 DE LA GRAMMAIRE.

Soulignez les verbes au mode indicatif.

111ᵉ *Ex.* — Tandis que le jeune Cyrus était à la cour du roi Astyages, son grand-père, il fit un jour la fonction d'échanson; mais avant de verser à boire il ne goûta point la liqueur qu'il servait, comme c'était l'usage. Astyages s'en aperçut et lui en demanda la raison. * Je craignais, dit Cyrus, que cette liqueur ne fût du poison; et voici ce qui me le faisait craindre : je remarquai l'autre jour, pendant le repas que

Analyse : 111. La timidité paralyse les meilleures dispositions.

vous donnâtes aux seigneurs de votre cour, que vous devîntes, tant vous que tous ces seigneurs, dès que vous eûtes un peu bu, différents de ce que vous étiez.

112ᵉ *Ex.* — Vous ne faisiez pas difficulté de vous permettre ce que vous nous défendez à nous, qui ne sommes que des enfants. Vous criiez tous à la fois, et vous ne vous entendiez pas. Vous chantiez de la manière la plus ridicule, et vous croyiez pourtant chanter le mieux du monde. Bien plus : lorsque vous vous êtes levés pour danser, non-seulement vous ne dansiez pas en mesure, mais vous ne pouviez pas même vous soutenir. En un mot, vous paraissiez avoir oublié, vous, que vous étiez roi, et les convives qu'ils étaient vos sujets. — Dites-moi donc, mon fils, reprit Astyages, n'arrive-t-il pas la même chose à votre père?—Jamais, répondit Cyrus : mais quand il a bu, il cesse seulement d'avoir soif.

113ᵉ *Ex.* — N'y avait-il point de verges dans mon royaume? s'écriait un jour un souverain,

Analyses : 112. Votre piété adoucira tous vos chagrins. — 113. L'éclat du soleil éblouissait nos yeux.

après être revenu d'un accès de colère qui le faisait rougir : pourquoi m'épargnait-on tant pendant ma jeunesse ? Il aurait mieux valu me reprendre et me corriger.

Tel pourrait être le langage de tous ceux que l'on a élevés trop mollement et pour qui on a eu trop de complaisance. * Nous voyons au contraire que tous ceux qui ont été traités avec le plus de rigueur apparente sont aussi ceux qui ont le plus de reconnaissance pour leurs maîtres, parce qu'ils font l'expérience que, moins on épargnait leurs défauts, plus on les aimait.

N° 86 DE LA GRAMMAIRE.
Soulignez les verbes au conditionnel.

114e *Ex.* — Tout ce qui nous environne ne nous rend pas heureux ; tout ce qui est hors de nous ne saurait jamais faire notre bonheur. — Nous voudrions que tout le monde lût sur notre front, pour ainsi dire, nos talents, notre vertu, notre rang, notre naissance. * — Il ne suffit point de ne pas faire aux autres le mal que nous

Analyse : 114. Nous cacherions en vain nos fautes à Dieu qui sonde les cœurs.

ne voudrions pas qu'ils nous fissent; la charité
chrétienne nous ordonne encore de leur faire le
bien que nous voudrions en recevoir nous-
mêmes. * — Si, en naissant, nous portions écrit
sur notre front le nombre des années qui doivent composer notre vie et le jour fatal qui les
verra finir, ce point de vue fixe et certain,
quelque éloigné qu'il pût être, nous occuperait,
nous troublerait, et ne nous laisserait point un
moment tranquilles; nous trouverions toujours
trop court l'intervalle que nous verrions devant
nous; cette image toujours présente, malgré
nous, à notre esprit, nous dégoûterait de tout,
nous rendrait les plaisirs insipides, le monde
entier à charge et ennuyeux.

115ᵉ *Ex.* — On ne compte communément
pour rien le péché véniel; mais si j'en avais bien
conçu la nature, j'en jugerais tout autrement,
et je prendrais un tout autre soin de l'éviter.
Quand il s'agirait de convertir et de sauver tout
le monde, Dieu ne voudrait pas que je fisse un
mensonge, quelque léger qu'il fût, et jusque

Analyse : 115. J'aurais acheté cette statue antique.

dans cette circonstance, il s'en tiendrait offensé. Quand il s'agirait de procurer à Dieu toute la gloire qui lui peut être procurée, Dieu ne voudrait point de cette gloire à une telle condition. En vain je serais d'ailleurs comblé de mérites, nonobstant toute la sainteté que je pourrais avoir acquise, si mon âme sortant de ce monde porte encore la tache d'un péché véniel que je n'aie pas effacé par la pénitence, cela seul doit être un obstacle à ma béatitude et à la possession de Dieu, jusqu'à ce que je l'aie expié.

N° 86 DE LA GRAMMAIRE.

Soulignez les verbes à l'impératif.

116e *Ex.*— Saint Louis, sur le point de mourir, ramassa toutes ses forces pour adresser au prince Philippe, son fils aîné, cette belle instruction : Aimez Dieu, mon fils, de tout votre cœur, de toute votre âme, de toutes vos forces, car sans cela il n'y a point de salut. Eloignez de vous tout ce qui peut déplaire à Dieu, et principalement tout péché mortel; soyez prêt, plutôt que d'en commettre un seul, à souffrir tous les

Analyse : 116. Mettez en Dieu toute votre confiance.

supplices imaginables. Si Dieu vous envoie quelques tribulations, souffrez-les doucement, rendez-lui grâces de tout, et pensez que c'est pour votre salut, et que vous l'avez peut-être bien mérité.

117e *Ex.* — S'il vous comble de prospérités, humiliez-vous, défendez-vous de la vaine gloire, et ne vous servez pas, pour offenser le Seigneur, des mêmes biens que vous avez reçus de sa bonté. Allez souvent à confesse; choisissez des confesseurs sages et habiles qui puissent vous enseigner les choses que vous avez à faire et celles que vous avez à éviter.* Assistez dévotement aux offices de l'Eglise, ne regardez point à droite et à gauche; ne parlez point de choses vaines, mais priez Dieu de bouche et de cœur. Acceptez de bon cœur tout ce qui vous arrive, et conservez la patience au temps de la tribulation.

N° 86 DE LA GRAMMAIRE.
Soulignez les verbes au subjonctif.

118e *Ex.* — Que la terre s'ouvre, qu'elle

Analyses : 117.—Recevons avec un cœur soumis les vérités de l'évangile.—118. *Que* la foi parle à mon cœur *et que* la raison se taise.

produise le Sauveur, et que la justice naisse en même temps. — Que l'impie quitte sa voie ; que l'injuste renonce à ses crimes et qu'il retourne au Seigneur : il lui fera miséricorde. — Grâces vous soient rendues, ô mon Dieu, j'ai retrouvé la paix en vivant dans la sainteté et la justice. — Avant que nous eussions connu Dieu, il nous a appelés par notre nom. — Le Seigneur m'a instruit afin que je ne marchasse pas dans la voie de l'iniquité. — Je ne sais si j'ai jamais trouvé quelqu'un qui m'ait assez aimé pour vouloir me déplaire en me disant la vérité tout entière.

119ᵉ *Ex.* — Les livres ne sont bons qu'autant qu'ils nous apprennent l'Évangile ; allons donc à cette source sacrée. Jésus-Christ n'a parlé, n'a agi qu'afin que nous l'écoutassions et que nous étudiassions attentivement le détail de sa vie pour y conformer la nôtre. — La charité ne va pas jusqu'à demander de nous que nous ne voyions jamais les défauts d'autrui : il faudrait nous crever les yeux ; mais elle demande que nous évi-

Analyse : 119. *Si* j'avais prévu *que* vous m'eussiez écrit cette lettre.

tions d'y être attentifs volontairement sans nécessité et que nous ne soyons pas aveugles sur le bon, pendant que nous sommes si éclairés sur le mauvais. — Nous voudrions servir Dieu pourvu qu'il nous en coûtât peu. — Le ciel souffre violence : il n'y a que les âmes courageuses pour se vaincre qui soient dignes de le conquérir. — Chacun dans son état, quelque heureuse qu'en paraisse la destinée, trouve des amertumes qui en balancent toujours les plaisirs.

N° 86 DE LA GRAMMAIRE.

Soulignez les verbes à l'infinitif.

120ᵉ *Ex.* — La charité doit couvrir les fautes du prochain. Un grain de cette divine charité suffit pour calmer bien des inquiétudes et assoupir bien des différends. — Il y a peu de devoirs plus difficiles à remplir que celui de la correction fraternelle ; l'humilité doit l'accompagner, la prudence la diriger , et la douceur l'assaisonner. — Si vous vous attachez au Seigneur pour l'adorer, pour l'aimer et pour le servir, il vous

---

Analyse : 120. Cet enfant voulait parler , *mais* on le fit taire.

comblera de ses biens immortels. * — La médisance est une insigne lâcheté, médire c'est parler mal des absents, c'est attaquer quelqu'un qui n'est pas en position de se défendre. — Pourquoi graver sur le marbre qui périra, le mérite d'une action que la charité peut rendre immortelle ?

121ᵉ *Ex.* — Quand on fait le bien par amour de la vertu, la vertu qu'on aime récompense toujours assez par le plaisir qu'il y a à là suivre, et elle fait mépriser toutes les autres récompenses dont on est privé. La vertu donne la véritable politesse : on doit préférer une vertu sans tache à une longue vie. * Il y a dans la véritable vertu une candeur et une ingénuité que rien ne peut contrefaire, et à laquelle on ne se méprend point, pourvu qu'on y soit attentif. Rien n'est plus estimable que le bon sens et la vertu : l'un et l'autre font regarder le dégoût et l'ennui non comme une délicatesse, mais comme une faiblesse d'un esprit malade.

Analyse : 121. L'abeille aime à se reposer sur les fleurs.

N° 88 DE LA GRAMMAIRE.

Soulignez les verbes de la première conjugaison.

122ᵉ *Ex.* — L'esprit est comme un cuir souple qui prête : il s'allonge et il s'élargit à proportion de la bonne volonté et de l'exercice. — Tournez autant l'esprit au bien qu'il est d'ordinaire tourné au mal : vous trouverez par le seul amour du bien des ressources incroyables pour arriver à la vérité, dans les hommes mêmes qui montrent le moins d'ouverture. * — Si tous les hommes aimaient la vérité comme elle mérite qu'on l'aime, ils feraient pour la trouver tout ce qu'ils font pour se flatter dans leurs illusions.

123ᵉ *Ex.* — On se corrige quelquefois mieux par la vue du mal que par l'exemple du bien ; il est donc bon de s'accoutumer à profiter du mal, puisqu'il est si ordinaire, tandis que le bien est si rare. * — Ce qui fait que la vérité se montre presque toujours inutilement à nous, c'est que nous n'en jugeons pas par les lumières qu'elle laisse dans notre âme, mais par l'impres-

Analyses : 122. Dieu donna sa loi au peuple juif sur le mont Sinaï. — 123. La beauté de l'univers prouve la sagesse de Dieu.

sion qu'elle produit sur le reste des hommes au milieu desquels nous vivons. * — La mode se détruit elle-même ; elle vise toujours au parfait, et jamais elle ne le trouve, du moins elle ne veut jamais s'y arrêter.

124e *Ex*. — L'oiseau-mouche, cette charmante miniature, ce petit être tout aérien, aussi élégant par sa forme que brillant par ses couleurs, est le bijou de la nature ; on dirait qu'elle a épuisé son art dans cet admirable chef-d'œuvre. L'émeraude, la topaze, le rubis éclatent sur son plumage demi-transparent ; et il n'est point de mouche ni de papillon plus richement vêtu. * Voltigeant sans cesse de fleurs en fleurs, il en pompe le nectar, comme ces insectes ailés, à l'aide d'une sorte de trompe ; car sa langue qui ne paraît qu'un fil délié, est un canal formé de la réunion de deux filets, creusé en forme de gouttières, et qui semble s'acquitter des fonctions d'une vraie trompe ; son bec long, presque droit, est aussi délié qu'une fine aiguille ; ses yeux ne sont que des points noirs, mais très-brillants, et ses jambes

Analyse : 124. Les Saints glorifient le Seigneur dans le ciel.

sont si courtes et si menues qu'il faut y regarder
de près pour les apercevoir.

125ᵉ *Ex.* — Son vol est d'une rapidité surpre-
nante, il fend l'air comme un trait, et on l'entend plus qu'on ne le voit. Chaque fleur ne l'ar-
rête qu'un instant; il se repose rarement, et sa
vie n'est en quelque sorte qu'un mouvement
perpétuel. Chez lui le courage ne le cède pas à
la vivacité; il ose attaquer des oiseaux qui sont
à son égard de vrais colosses, il les poursuit
avec autant d'acharnement que de fureur, se
cramponne à leur corps, se laisse emporter à
leur vol, ne cesse de les becqueter et ne lâche
prise qu'après avoir assouvi sa petite rage. *

Le nid de ce charmant volatile répond à sa
petitesse; il n'est pas plus gros que la moitié
d'un abricot, et est de même en demi-coupe.
Ce nid, qui, même avec l'oiseau, ne pèse guère
plus qu'une pièce de vingt-cinq centimes, est
d'ordinaire attaché à une branche d'oranger ou
de citronnier.

126ᵉ *Ex.* — Là sur un joli tissu serré, soyeux,

Analyses : 125. Le travail amène l'abondance. — 126.
L'amitié ne dispense pas de la politesse.

épais et doux, reposent mollement deux ou trois
œufs tout blancs et à peine de la grosseur des
plus petits pois. Qu'on juge de la petitesse des
êtres qui en éclosent par celle de leur mère, et
l'on croira voir de petites mouches d'une délicatesse extrême, auxquelles, dit-on, pour toute
nourriture, elle se contente de donner sa langue
emmiélée à sucer. * C'est dans les contrées les
plus chaudes que se trouvent toutes les espèces
d'oiseau-mouche ; ceux qui s'avancent dans les
zônes tempérées n'y font qu'un court séjour :
ils semblent suivre le soleil, s'avancer, se reti-
rer avec lui et voler sur l'aile des zéphyrs, à la
suite d'un printemps éternel. Les Indiens, frappés
de l'éclat et du feu que répandent les couleurs
de ces brillants oiseaux, leur avaient donné le
nom de rayons ou cheveux du soleil.

N° 88 DE LA GRAMMAIRE.

Soulignez les verbes de la deuxième conjugaison.

127e *Ex.* — Nous nous lassons à courir sans
cesse après un fantôme de bonheur qui, au mo-

Analyse : 127. Moïse grandissait sous les yeux du per-
sécuteur des juifs.

ment où nous croyons le tenir, nous échappe et s'évanouit. — Le désir d'obtenir l'estime des hommes ne doit jamais être le motif de nos bonnes actions. — Rougir d'appartenir à des hommes accablés d'infortunes, c'est petitesse d'esprit. — Le bon exemple agit puissamment sur l'esprit et le cœur. — Nous ne devons point nous contenter de ne point haïr nos ennemis, il faut les aimer. — La foi s'altère et s'affaiblit tous les jours parmi les hommes ; à force de vouloir que tout soit clair dans la religion, tout y devient douteux. — Le corps dépérit, la santé s'use, tout ce qui nous environne nous détruit. — Nous vivons tous incertains de la durée de nos jours, et cette incertitude endort notre vigilance.

128e *Ex.* — Il n'en est pas de la science comme de la nourriture : l'estomac ne peut contenir qu'une certaine quantité d'aliments ; et du moment qu'il en est rempli, il ne reçoit plus rien sans être incommodé. De plus, le dégoût succède à l'appétit; et un mets, quelque délicat

Analyse : 128. La douceur est une clef qui ouvre tous les cœurs.

qu'il soit, ne flatte pas le palais quand la faim est apaisée. Il en est bien autrement de la science : on a beau en acquérir, jamais on n'éprouve aucune satiété; * au contraire, il est certain que plus on devient savant, plus on devient avide de connaissances : il n'y a donc aucun danger à craindre en étudiant. L'estomac est trop petit pour renfermer beaucoup de nourriture ; l'esprit est toujours assez grand pour ne pouvoir être entièrement rempli. Aussi est-il rare qu'on sache assez, et impossible qu'on sache trop.

129ᵉ *Ex.*—Il ne faut pas compter sur les amis d'une amitié superficielle, ni s'en servir sans un grand besoin; mais il faut, autant qu'on le peut, les servir et faire en sorte qu'ils vous soient obligés. Pour les vrais amis, il faut les choisir avec de grandes précautions et par conséquent se borner à un fort petit nombre. * — L'adversité est un torrent qui entraîne, et contre lequel il faut se raidir sans relâche. — Quand on se fait haïr pour contenter ses passions, on ne peut en

Analyse : 129. Avec la vie finissent les épreuves des justes.

recueillir que la honte et les regrets. — Il n'est
point d'état où nous n'ayons beaucoup à faire
pour acquérir les vertus qui nous manquent, et
pour nous corriger de nos défauts.

N° 88 DE LA GRAMMAIRE.

Soulignez les verbes de la troisième conjugaison.

130° *Ex.* — Ne vous flattez de rien pour le lendemain, car vous ne savez ce que doit produire
le jour suivant. — Le martyr saint Vincent, déposé
sur un lit de roses après d'horribles supplices,
semblait ne vouloir plus vivre parce qu'il n'a-
vait plus à souffrir. — La sagesse prévoit toutes
choses ; elle sait le passé et réfléchit sur l'ave-
nir. — La bonne foi de Moïse paraît dans la
naïveté de son histoire ; il ne prend point de
précaution pour être cru, parce qu'il suppose
que ceux pour qui il écrit n'en ont pas besoin
pour croire ; on conçoit qu'il y a là une preuve
saisissante de sa véracité. — La véritable élévation de l'esprit est de pouvoir sentir toute la
majesté et toute la sublimité de la foi : les gran-

Analyse : 130. L'homme prudent prévoit les conséquen-
ces de ses actions.

des lumières nous conduisent elles-mêmes à la soumission, et l'incrédulité est le vice des esprits faibles et bornés. C'est tout ignorer que de vouloir tout connaître.

131ᵉ *Ex.* — La mort nous paraît toujours comme l'horizon qui borne' notre vue, s'éloignant de nous à mesure que nous en approchons; nous ne la voyons jamais qu'au plus loin, et nous ne croyons jamais pouvoir y atteindre. — L'amour-propre est moins parleur quand il voit qu'on ne l'écoute pas. — On voudrait, par amour-propre, avoir le plaisir de se voir parfait.

Les comètes sont des espèces de planètes qui se meuvent dans un orbite immense, et dont l'apparition n'a lieu que dans des intervalles fort éloignés. * — Notre vanité nous séduit, elle ne nous permet pas d'apercevoir que nous perdons l'estime du monde dans les choses mêmes où nous la cherchons et par les moyens que nous y employons. — L'esprit vain s'ingère à parler sur tout; il juge, il prononce, il décide, parce qu'il se croit spirituel; mais il aurait beaucoup

Analyse : 131. Une bonne ménagère pourvoit à tous les besoins de sa maison.

plus de raison et plus d'esprit s'il s'en croyait
moins pourvu, car, en voulant faire trop voir
qu'on en a, c'est justement par là qu'on en fait
moins paraître.

Nº 88 DE LA GRAMMAIRE.

Soulignez les verbes de la quatrième conjugaison.

132e *Ex.* — Tous les hommes veulent vivre,
ils regardent la mort comme le dernier des malheurs. — La mesure de nos destinées n'est pas
égale : les uns voient croître en paix, jusqu'à
l'âge le plus reculé, le nombre de leurs années ;
et il en est qui ne font que se montrer à la terre,
qui finissent du matin au soir et qui, semblables à la fleur des champs, ne mettent presque
point d'intervalle entre l'instant qui les voit éclore
et celui qui les voit sécher et disparaître.—Le
premier pas que l'homme fait dans la vie est
aussi le premier qui l'approche du tombeau. Dès
que ses yeux s'ouvrent à la lumière, l'arrêt de
mort lui est prononcé ; et comme si c'était pour

Analyse : 132. Reconnaissez le Seigneur pour l'auteur
de tous les biens.

lui un crime de vivre, il suffit qu'il vive pour mériter de mourir. Nous portons tous en naissant la mort dans notre sein.

133ᵉ *Ex.* — Les grâces sont des talents que Dieu me confie, mais qu'il veut que je fasse profiter. — En tombant dans le péché véniel, je déplais à Dieu, non pas que je rompe absolument avec Dieu, mais je fais ce que je sais devoir causer entre Dieu et moi un refroidissement; je n'éteins pas dans moi le Saint-Esprit, mais je le contriste. * Or, dès que c'est une offense de Dieu, je dois donc le craindre plus que tous les maux temporels, qui ne s'adressent qu'à moi. — La ressource de l'orgueilleux, lorsque l'évidence des choses le convainc malgré lui de son incapacité et de son insuffisance, est de se persuader qu'elle lui est commune avec les autres. — Quand nous prions, ce sont des grâces que nous demandons, et non des dettes que nous exigeons. Qu'avons-nous donc à nous plaindre lorsqu'il ne plaît pas à Dieu de nous écouter? N'est-il pas maître de ses grâces?

Analyse : 133. La volonté de Dieu est *que* nous lui remettions le soin de nos intérêts.

N° 98 DE LA GRAMMAIRE.

134° *Ex.* — *Indiquez les temps* primitifs *des verbes suivants :*

Prier, jouer, guérir, devoir, faire, boire.

135° *Ex.* — Sourire, voir, planter, remuer, apprendre, courir, souffrir.

N° 99 DE LA GRAMMAIRE.

136° *Ex.* — *Indiquez les* dérivés *du présent de l'indicatif des verbes :*

Attendre, glisser, gémir, obéir, ouvrir.

N° 100 DE LA GRAMMAIRE.

137° *Ex.* — *Indiquez les* dérivés *du parfait défini des verbes de l'exercice* 134°.

N° 101 DE LA GRAMMAIRE.

138° *Ex.* — *Indiquez les* dérivés *du présent de l'infinitif des verbes suivants :*

Avertir, rendre, abandonner, aggraver, aimer.

Analyses : 134. L'aumône donnée au pauvre sera payée au centuple dans le ciel.—135. La politesse *ne* permet *pas* d'interrompre une personne au milieu de son discours. — 136. Vous auriez évité *bien* des fautes *si* vous n'eussiez *pas* écouté les compliments avec plaisir. — 137. Le bonheur des méchants *comme* un torrent s'écoule. —138. Que le sommeil est pur dans un cœur innocent !

N° 102 DE LA GRAMMAIRE.

139ᵉ Ex. — *Indiquez les exceptions à la for-mation du futur de l'indicatif des verbes de la deuxième et de la quatrième conjugaison.*

N° 105 DE LA GRAMMAIRE.

140ᵉ Ex. — *Indiquez les* dérivés *du participe présent des verbes de l'exercice* 135ᵉ.

Nᵒˢ 106-108 DE LA GRAMMAIRE.

141ᵉ Ex. — *Indiquez les exceptions à la for-mation des trois personnes du* pluriel *du* présent de l'indicatif.

N° 109 DE LA GRAMMAIRE.

142ᵉ Ex. — *Indiquez les* exceptions *à la for-mation du présent du subjonctif dans les verbes de la troisième conjugaison.*

N° 110 DE LA GRAMMAIRE.

143ᵉ Ex. — *Indiquez les* dérivés *du participe passé passif des verbes :*

Attacher, consentir, engager.

Analyses : 139. *Non*, l'erreur *n*'eut *jamais* un fondement durable.—140. Dieu du haut de son trône embrasse l'univers.—141. Je *n*'admirai *jamais* la gloire de l'impie.—142. Le bonheur de l'impie est *toujours* agité.—143. Dieu laissa-t-il *jamais* ses enfants dans le besoin ?

N⁰ˢ 98-99 DE LA GRAMMAIRE.

144° Ex. — *Indiquez séparément les* temps primitifs *et les* temps dérivés *du verbe chanter.*

N° 113 DE LA GRAMMAIRE.
Soulignez les verbes actifs.

145° Ex. — Le cœur de l'homme prépare sa voie; mais c'est le Seigneur qui conduit ses pas. — La crainte du Seigneur est une source de vie pour éviter la chute qui donne la mort. — La haine excite les querelles, et la charité couvre toutes les fautes.*—Celui qui craint Dieu fera le bien, et celui qui cherche la justice la trouvera; elle le nourrira du pain de vie et d'intelligence, et lui fera boire l'eau de la sagesse, qui donne le salut; elle le rendra ferme et inébranlable; elle lui amassera un trésor de joie et d'allégresse, et lui donnera un nom éternel. — Le vice empoisonne les plaisirs, la passion les flatte, l'innocence les épure, la bienfaisance les multiplie,

---

Analyses : **144.** Dieu venge, *tôt ou tard*, son saint nom
[blasphémé.]
— **145.** Le Seigneur bénit les enfants :
Sur les petits et sur les grands
Il étendra sa main paternelle.

l'amitié les perpétue. — Les insensés ne trouve-
ront point la sagesse, ils ne la verront point,
parce qu'elle se tient éloignée.

La jeune malade.

146e *Ex.*—L'huile sainte a touché les pieds de la mourante:
      L'arrêt fatal est prononcé.
L'art n'a point de secours pour cette âme souffrante ;
      Le monde pour elle a cessé.
Intrépide témoin de ce moment suprême,
La mère est seule enfin près de l'enfant qu'elle aime,
Elle s'enfonce alors sous les obscurs rideaux ;
Ecarte loin du lit les funèbres flambeaux,
      Et, d'un œil que la foi rassure,
Regarde sans pâlir le crucifix de bois
Que la vierge chrétienne a saisi de ses doigts,
Et l'eau sainte et le buis à la sombre verdure,
Du chevet des mourants douloureuse parure.

147e *Ex.* — Mais quand elle voit de plus près
Le sinistre frisson qui parcourt tous ses traits,
Et ce front d'où découle une sueur mortelle,
Et cet œil qui s'éteint : « O mon enfant, dit-elle,
      Si tu vis, je vivrai ; mais si tu meurs, je meurs.

Analyses : 146. Quel bras peut vous suspendre, innom-
                       [brables étoiles ?
—   147. Nuit brillante, dis-nous qui t'a donné
                       [tes voiles ?

» Déjà la tombe enferme et ton père et tes sœurs ;

» Seules, nous, nous restons ; toi seule est ma famille ; *

» Et tu me quitterais, toi, mon sang, toi, ma fille !

» Je ne sais quelle voix me dit encore : Espère.

» Hélas ! pour espérer, est-il jamais trop tard ?

» Jeune âme de ma fille, ô ! suspends ton départ ;

» Et pour quitter ce monde attends du moins sa mère. »

Ainsi la foi l'anime et l'espoir la soutient.

148e *Ex.*—Mais par quels soins touchants cet espoir s'en-

Elle courbe son front sur la jeune victime ;   [tretient !

De son souffle abondant la réchauffe et l'anime,

Saisit sa froide main ; d'un doigt mal assuré

Interroge le pouls dans sa marche égaré ;

Joint le doux suc du miel au doux jus de l'orange,

Et dans sa bouche en feu versant ce frais mélange,

Par un breuvage heureux cherche à combattre enfin

Le brasier de la fièvre allumé dans son sein.

Et déjà cependant évoquant ses ténèbres,

Ses larmes, ses terreurs, ses spectres menaçants,

L'agonie aux ailes funèbres

De la vierge expirante égarait tous les sens ;

Et l'ange du départ sur ses lèvres muettes

Répandait de la mort les pâles violettes.

149e *Ex.*—A ce spectacle affreux, le front humilié,

Analyses : 148. Mer terrible en ton lit quelle main te
                                        [resserre ?

—   149. L'homme élève un front noble *et* re-
                                        [garde les cieux.

Prenant entre ses bras son Dieu crucifié :

« Toi seul peux la sauver, Dieu puissant, dit la mère!

» Ce n'est qu'en ton secours maintenant que j'espère.

» Oui, sur ma pauvre enfant, j'appelle tes bontés :

» Ses jours si peu nombreux sont-ils déjà comptés ?

» Tu vois l'affreuse lutte où se débat sa vie.

» De ce calice amer tu bus jusqu'à la lie,

» Je le sais, et ta mort fût digne encor de toi,

» Je n'ose à tes douleurs égaler ma misère ;

» Mais souviens-toi des maux que dut souffrir ta mère,

          » Et tu prendras pitié de moi. »

   150e *Ex.* — Ainsi disait la mère, et la nuit s'écoulait.
          Depuis neuf jours elle veillait.

Déjà l'aube naissante a rougi le nuage,

Le jour se lève armé de feux plus éclatants :

Le jour la voit encore devant la sainte image.

Longtemps elle gémit, elle y pria longtemps.

Tandis qu'elle priait : « Ma mère...! où donc est-elle ?

» Dit une faible voix. Oh! viens.... Je me rappelle

» Qu'un étrange sommeil a pesé sur mes yeux.

» Dieu! quel songe à la fois triste et délicieux !

» Dans mon accablement je me sentais ravie

» Loin de notre humble terre et par-delà les cieux :

» C'était un autre jour, c'était une autre vie.

» Dans ce monde nouveau, paisible, exempt de soins,

» D'étoiles et de fleurs ta fille couronnée,

Analyse : 150. Quelle foule d'objets l'œil réunit *ensemble!*

» Cherchait ta main pour guide et tes yeux pour témoins.
» De fronts purs et joyeux j'étais environnée,
» Et mon âme pourtant ne goûtait qu'à moitié
» Ce bonheur imparfait dont j'étais étonnée.
» Ma mère!... où donc est-elle? ai-je aussitôt crié,
» Et les anges en chœur vers toi m'ont ramenée. »

Nº 114 DE LA GRAMMAIRE.

Soulignez les verbes passifs.

151ᵉ *Ex.* — Saül, qui avait été choisi roi par Samuel, désobéit au commandement de Dieu, en épargnant les Amalécites. — Les Israélites parurent souvent s'ennuyer de la nourriture qui leur avait été envoyée du ciel. Combien de fois Moïse, qui était à leur tête, ne parut-il pas regretter que cette autorité lui eût été confiée ? — Le temple de Jérusalem, lorsque cette ville eut été prise par les Romains, fut détruit par les flammes, malgré les efforts et les peines du général victorieux pour arrêter l'incendie. — La poudre à canon a été inventée, dit-on, par Berthold, vers la fin du xiiᵉ siècle; et les bombes le furent par Gallœn, évêque de Munster, vers

Analyse : 151. Le malade a été ramené à la santé par les soins intelligents du médecin.

3***

le milieu du XVI⁰. — Une jeune personne igno-
rante et orgueilleuse est méprisée de tous ceux
qui la connaissent.

152⁰ *Ex.* — On ne doit jamais se permettre
de discours où le respect dû à la majesté de la
religion est blessé, où les maximes de l'Evangile sont méprisées, où les doutes impies sur la
foi sont proposés avec audace, où nos plus
augustes mystères sont traités avec dérision,
où le vice est justifié et où la vertu est tournée
en ridicule. — Celui qui demande conseil à un
homme sage ne se repentira pas de l'avis qui lui
aura été donné. — La mémoire du juste sera
accompagnée de louanges; mais le nom des
méchants périra avec eux. — Le printemps est
la plus agréable saison, tout renaît dans la nature : les arbres sont couverts de feuilles, les
plaines et les montagnes sont revêtues de leurs
richesses. — La corne de bœuf a été employée
dès les premiers âges à divers usages : on dit
qu'elle a été le premier vase dont l'homme s'est
servi pour boire; le premier instrument de mu-

Analyse : 152. Toutes les grandeurs humaines seront
détruites par la mort.

sique; la première matière avec laquelle ont été faites les vitres, les lanternes, les boîtes et autres ouvrages.

Nᵒˢ 115-116 DE LA GRAMMAIRE.
Soulignez les verbes neutres.

153ᵉ *Ex.* — Ce que le méchant craint lui arrivera. — S'il est difficile de bien vivre, il est doux de bien mourir. — Celui qui marche avec simplicité, marche en assurance; mais celui qui pervertit ses voies sera enfin découvert. — La loi du Seigneur nous défend de nuire à la réputation du prochain, et l'on tombe dans ce défaut par la médisance et la calomnie. * — Tout passe, tout disparaît, tout s'écroule à nos yeux: un nouveau monde s'élève insensiblement sur les débris de celui que nous avons vu en y entrant. — Où sont nos premières années? Que laissent-elles de réel dans notre souvenir? Pas plus qu'un songe de la nuit : nous rêvons que nous avons vécu, voilà tout ce qui nous en reste.

154ᵉ *Ex.* — La vie de l'homme peut être

Analyses : 153. Le souvenir convient à la reconnaissance. — 154. La gloire *n'*appartient *qu'*à Dieu, l'homme n'y a point de droit.

EXERCICES

comparée au cours du soleil : il semble naître
et mourir le même jour. La marche de l'homme
sur la terre est à peu près semblable : à peine
a-t-il commencé d'être, qu'il court à grands pas
vers sa fin. Quelques moments de plus ou de
moins font la seule différence de celui qui meurt
vieux avec celui qui meurt jeune. * On peut
encore comparer la vie à une fleur dont la beauté
ne dure que peu de temps, et qui semble ne
s'épanouir que pour se flétrir. — Le philosophe
se contente de savoir que l'âme pense, doute,
raisonne, connaît, veut, réfléchit, aperçoit : le
chrétien, plus instruit, pense, agit, vit, meurt
en conséquence de l'immortalité.

155ᵉ *Ex.* — Celui qui médit en secret et qui
a la langue double sera maudit, parce qu'il
met la division entre plusieurs qui vivaient en
paix. — Comme l'oiseau s'envole aisément, et
comme le passereau court de tous côtés, ainsi
la médisance qu'on publie sans sujet contre une
personne se répand partout. * — L'eau tombe
de l'air sous forme de pluie; elle passe à tra-

Analyse : 155. Les méchants ne jouissent point du bonheur de la paix.

vers les fentes des rochers; elle sort des montagnes en sources plus ou moins abondantes; elle coule en ruisseaux à la surface du sol; ces ruisseaux se joignent et produisent des rivières et des fleuves qui vont se jeter dans la mer. *—
Les écrevisses vivent dans l'eau douce, cachées dans la vase ou sous les pierres, où l'on va les chercher avec un filet; on les attire aussi avec un appât de viande putréfiée. Leurs pattes antérieures sont en pinces. Comme elles nagent en frappant l'eau avec leur queue, elles vont à reculons.

Nᵒˢ 118-119 DE LA GRAMMAIRE.

Soulignez les verbes réfléchis.

156ᵉ *Ex*. — Il est bon et avantageux de s'attacher au Seigneur dès son enfance pour ne l'abandonner jamais. — Celui qui écoute les conseils d'un homme sage ne se repentira pas de sa docilité. — Pourquoi tant se plaindre des maux présents? Nous avons l'éternité pour nous dédommager des sacrifices que nous aurons of-

---

Analyse : 156. Nous nous méprenons en cherchant le bonheur ici-bas.

ferts au Seigneur. — Une personne qui se pré-
vaut de ses faibles talents tombera bientôt dans
le mépris. *—Quelquefois le sol sur lequel nous
marchons s'agite, il tremble, il se fend ; des
montagnes s'écroulent, des terrains s'élèvent ou
s'affaissent ; des rivières sortent de leur lit,
la mer se précipite dans l'intérieur des terres;
et au milieu de ce bouleversement les maisons
s'écroulent sur les habitants. On ne sait pas encore pourquoi la terre éprouve ces ébranlements.
Ce n'est pas la nature entière qui s'ébranle, mais
seulement une portion de sa surface.

157ᵉ *Ex.* — Dans les temps d'orage, on voit
souvent les nuages s'amonceler, et au moment
où ils s'approchent, des éclairs brillent et le
tonnerre gronde. Cet effet est produit par l'élec-
tricité qui passe d'un nuage à l'autre ou qui com-
munique avec le sol.*— Les paratonnerres sont
de longues barres de fer que l'on dresse ordinairement sur les toits et auxquelles on attache
une tige ou corde de fer qui vient s'enfoncer
dans la terre ou dans un puits.—La science qui

Analyse : 157. Dieu se plaît à donner, mais il veut qu'on
le prie.

s'occupe de la connaissance des astres s'appelle astronomie.* Il ne faut pas confondre l'astronome avec l'astrologue : le premier est un savant, le second est un imposteur. — Ceux qui n'ont jamais souffert ne savent rien, ils ne connaissent ni les biens ni les maux; ils s'ignorent eux-mêmes.—Les vices se donnent la main : le premier qui s'empare de notre cœur y mène toujours avec soi de la compagnie.

N° 120 DE LA GRAMMAIRE.
Soulignez les verbes impersonnels.

158ᵉ *Ex.*— Nous tenons tout de Dieu, il convient que nous lui rapportions toutes nos actions. — Il ne faut ni talents naturels, ni science, ni richesses, ni autorité pour donner bon exemple : il suffit d'être vertueux.* — S'il ne fallait, pour être saint, que faire une action héroïque de vertu, un sacrifice éclatant, une démarche généreuse, il en coûterait moins à la plupart des hommes. Mais ce qui lasse une âme tiède dans la vertu, c'est qu'un sacrifice fait, il s'en offre un autre qu'il faut faire. — Il faut être utile aux

Analyse ⬧ 158. Il pleut très-rarement en Égypte.

hommes pour être grand dans leur opinion. — Il ne peut exister d'amitié sans. vertus. — Il n'appartient qu'à la religion de faire supporter avec un vrai courage les grandes infortunes. — Il importe plus de bien savoir que de savoir beaucoup. — Quand on ne raisonne que d'après son intérêt, il est rare qu'on raisonne justement.

159ᵉ *Ex.*— En Europe il existe trois volcans : l'Etna en Sicile, le Vésuve près de Naples, et l'Hécla en Islande.— Une île s'est formée, tout à coup, il y a quelques années, dans la Méditerranée par l'éruption d'un volcan sous-marin; depuis, elle a disparu. — Il ne dépend pas de moi qu'on ne me décrie, il dépend seulement de moi qu'on le fasse sans raison.— Il vaut mieux s'exposer à l'ingratitude que de manquer à secourir les misérables.— Il ne faut jamais attendre tout ce qu'on croit mériter.— Qu'importe la reconnaissance? Il suffit de savoir qu'il existe un malheureux de moins.— Le plus difficile est de donner : que coûte-t-il d'y ajouter un sourire !

Analyse : 159. Il arrive souvent dans la vie des choses très-imprévues.

—C'est le propre de la vraie piété, non de contraindre, mais de persuader.

Nᵒˢ 122-123 DE LA GRAMMAIRE.
Soulignez les sujets des verbes.

160ᵉ *Ex.* — Des moutons étaient en sûreté dans leur parc; des chiens dormaient; et le berger, à l'ombre d'un grand ormeau, jouait de la flûte avec d'autres bergers voisins. Un loup affamé vint, par les fentes de l'enceinte, reconnaître l'état du troupeau. Un jeune mouton, sans expérience, et qui n'avait jamais rien vu, entra en conversation avec lui : Que venez-vous chercher ici? dit-il au glouton. L'herbe tendre et fleurie, lui répondit le loup. Vous savez que rien n'est plus doux que de paître dans une verte prairie émaillée de fleurs, pour apaiser sa faim, et d'aller étancher sa soif dans un clair ruisseau : j'ai trouvé ici l'un et l'autre.

161ᵉ *Ex.* — Que faut-il d'avantage? J'aime la philosophie qui enseigne à se contenter de peu.

Analyses : 160. Le mensonge aggrave les torts,
            La sincérité les efface.
—   161. La cupidité crée dans le cœur de l'homme des désirs insatiables.

Est-il donc vrai, repartit le jeune mouton, que vous ne mangez point la chair des animaux, et qu'un peu d'herbe vous suffit? Si cela est, vivons comme frères, et paissons ensemble.* Aussitôt le mouton sort du parc dans la prairie, où le sobre philosophe le mit en pièces et l'avala. Défiez-vous des belles paroles des gens qui se vantent d'être vertueux. Jugez-en par leurs actions, et non par leurs discours.

Nᵒˢ 124-126 DE LA GRAMMAIRE.
Complétez les mots en italique.

162ᵉ *Ex.* — Jeanne d'Arc, cette héroïne si célèbre dans les annales de la France, *naqui* au petit village de Domremy, sur les limites de la Champagne; son père et sa mère *étai* d'une condition obscure, mais ils *craignai* Dieu et élevèrent leur fille dans son amour. * Jeanne *répondi* à leurs soins; sa sagesse et sa piété *édifiai* tout le canton; elle *communiai* souvent, *jeûnai* avec austérité; ses prières *étai* ferventes et accompagnées de beaucoup de larmes; son

---

Analyse : 162. La constance *et* la fermeté brillèrent avec éclat dans les combats des Martyrs.

innocence, sa candeur, sa vertu lui *conciliai* tous les cœurs.

163ᵉ *Ex.* — Les Anglais et les Bourguignons *désolai* alors la France ; Dieu *choisi* cette humble fille des champs pour la délivrer. L'Archange saint Michel, protecteur du royaume, et sainte Geneviève, patronne de la capitale, lui *apparu* pour lui manifester les miséricordieuses volontés du Seigneur, et ils l'*encourageai* à les suivre malgré les obstacles. * Ne *crain* rien, lui *disai* la vierge de Nanterre, je n'*étai* comme toi qu'une pauvre bergère, et j'ai plusieurs fois sauvé ma patrie par mes prières. Tu *sauvera* aussi la France en faisant ce que Dieu *demande* de toi.

Nᵒˢ 125-126 DE LA GRAMMAIRE.

Complétez les mots en italique.

164ᵉ *Ex.* — Ma sœur et moi nous *réuniss* nos petites économies pour faire l'aumône aux misérables qui ne peuvent se garantir du froid dans la mauvaise saison. — J'ai *appri* que vous et

Analyses : 163. La patience, le courage *et* la raison préparent le succès de nos entreprises. — 164. Vous *et* moi nous étudions la grammaire française.

votre frère *devi* entreprendre le pèlerinage de
Notre-Dame de Chartres si célèbre en miracles.
Ce *serai* pour moi· et pour une personne très-
pieuse de ma connaissance, une grande satis-
faction si nous *pouvi* vous accompagner dans ce
voyage. * — Un de mes amis et moi *dev* par-
courir les montagnes des Apennins et prendre
ensuite le chemin de la ville de Rome pour y
offrir nos hommages au Saint-Père. — Nous
avon , vous et moi, trop longtemps oublié nos
devoirs; aujourd'hui que nous *voul* revenir au
bien, *prépar* -nous à rencontrer bien des difficultés dans les voies de la vertu, mais n'*ayon*
point de doute qu'avec l'assistance du ciel nous
viendr à bout de vaincre les obstacles et de
remporter la victoire.

Nᵒˢ 127-130 DE LA GRAMMAIRE.

Soulignez les régimes *des verbes actifs ; le régime*
direct *par un trait et le régime* indirect *par*
deux traits.

165ᵉ *Ex.* — Dieu est tout-puissant, il est le

Analyse : 165. C'est l'appétit *et* non la satiété qui rend
les mets agréables.

père commun de toutes les générations qui habitent sur la terre; il est aussi le mien. Je dépends absolument de lui, et à l'égard de mon existence, et à l'égard de tout ce que je possède. Je le bénis et lui rends grâces pour la vie qu'il m'a accordée et pour tous les biens dont il ne cesse de me combler. * Oui, je bénis la Providence des relations, des tendres liens qui m'unissent à ma famille, à ma patrie; de ce qu'elle m'a mise en état de goûter les douceurs et les avantages de la vie domestique et de la vie civile; de l'inestimable présent qu'elle m'a fait en me donnant des amis. * Je lui rends grâces de la santé et du bonheur dont je jouis; de ce qu'elle m'a si abondamment fourni les moyens de me nourrir, de me vêtir, de me loger et de ce qu'elle a subvenu à tous mes besoins. Je lui rends grâces de l'heureux succès dont elle a couronné mes entreprises et de tous les dons que sa main libérale a répartis sur moi.

166e *Ex.* — Le sacrifice est le culte propre

Analyse : 166. Les abeilles prennent le suc des fleurs pour former leur miel.

de Dieu, et on ne peut sans crime l'offrir qu'à lui seul. Il est d'autres rites, d'autres pratiques religieuses qui peuvent faire partie du culte que l'on rend à la mère de Dieu, aux anges et aux saints, mais on ne peut jamais leur offrir le sacrifice, parce que cet acte de religion, cet acte essentiel à toute religion, témoigne par sa nature que celui à qui on l'offre est le premier principe et la dernière fin de toute créature : droits et attributs qu'on ne peut, sans sacrilége, reconnaître qu'en Dieu seul. * Les hommes de tous les siècles ont considéré le sacrifice comme l'acte le plus excellent de la religion, et ils ont regardé comme l'hommage le plus pur et le plus digne de la divinité de lui offrir les dons que l'on tient d'elle. Cette manière d'honorer Dieu est aussi ancienne que le monde : l'innocent Abel et le féroce Caïn offraient des sacrifices au Seigneur.

N⁰ˢ 131-134 DE LA GRAMMAIRE.

Soulignez les régimes des verbes passifs.

167ᵉ *Ex.* — Ces enfants travaillent avec beau-

Analyse : 167. Il n'y a point de vice qui *ne* puisse être détruit par la fidélité à la grâce.

coup d'application , ils sont encouragés par les éloges qu'on leur donne chaque jour et qu'ils ont certainement mérités par leur assiduité et leur sagesse. — A la nouvelle de la résurrection du Sauveur, les deux apôtres saint Pierre et saint Jean coururent en toute hâte au tombeau ; mais saint Pierre fut devancé par saint Jean qui était plus jeune et qui était aussi comme emporté par son amour ; * il fut de même dirigé par une humilité admirable , car étant arrivé le premier, il ne descendit point d'abord dans le sépulcre , mais il attendit saint Pierre, le chef des apôtres , pour lui céder cet honneur ; et ainsi, dès le temps même du Sauveur, le chef de l'Église, après lui, fut distingué, honoré et comblé des prévenances d'un respect filial , non-seulement par les fidèles, mais encore par les plus grands apôtres.

N° 135 DE LA GRAMMAIRE.

Soulignez les régimes des verbes neutres.

168ᵉ *Ex.* — Saint François de Sales parlait toujours à ses domestiques avec un ton de père ;

Analyse : 168. On ne cherche point à nuire aux autres sans se nuire davantage à soi-même.

aussi mérita-t-il de trouver en èux moins des serviteurs que des enfants. — Dans notre bap-tême nous avons renoncé au démon, à ses pompes et à ses œuvres, c'est-à-dire aux folles vanités du monde, aux convoitises du péché, à toutes les lois et à toutes les maximes perni-cieuses qui nous écarteraient du chemin de la vertu. * — Le chant des cantiques par une âme religieuse et pure plaît beaucoup aux Anges, dont toutes les délices sont de célébrer la gloire du Seigneur.—Après la mort de Notre-Seigneur, son corps demeura trois jours dans le tombeau, et son âme sainte descendit aux limbes pour consoler les justes qui attendaient sa venue et leur délivrance.

N° 136 DE LA GRAMMAIRE.

Soulignez les régimes directs *des verbes* réfléchis *par un trait et les régimes* indirects *par deux traits.*

169° *Ex*. — Que de personnes se méprennent en cherchant le bonheur ici-bas; elles ignorent

Analyse : 169. Le présomptueux s'abuse, le pusillanime s'effraie, le courageux se dévoue.

dans leur triste aveuglement qu'il ne se trouve qu'aux cieux. —Nous nous sommes prosternés devant l'autel de Marie, nous nous sommes réfugiés dans son cœur maternel et nos chagrins se sont évanouis.*—Nos élèves s'appliquent à l'étude et au travail avec beaucoup d'ardeur ; elles s'encouragent mutuellement, se portent au bien et se rendent service entre elles avec une émulation et une charité admirables. On peut tout attendre de si belles dispositions, et on ne se sera point donné inutilement les soins dont on entoure leur jeunesse.* — Comme l'eau qui s'est échappée de sa source, s'enfuit pour n'y plus revenir, ainsi s'écoule notre vie : chaque jour nous nous éloignons de celui qui nous vit naître, et nous nous approchons de celui qui nous verra mourir. C'est une sainte et salutaire pensée de nous rappeler souvent dans la mémoire cette fin commune à tous les hommes.

CHAPITRE VI.

Participe.

N°s 139-140 DE LA GRAMMAIRE.

Soulignez les participes présents.

170e *Ex.* —Les chrétiens se doivent aimer les uns les autres, se prévenant par des marques de déférence, [ne rendant à personne le mal pour le mal, mais procurant le bien devant Dieu et devant les hommes. — Une âme détachée d'elle-même, et jetant dans le sein de Dieu toutes ses inquiétudes et ses peines, a trouvé le vrai repos. * — La gloire et la félicité de ce monde s'évanouissent bientôt, ne laissant après elles qu'un souvenir amer et inutile. — Ayant reçu la robe d'innocence, soyons vigilants à la conserver, évitant avec soin de la profaner par la moindre souillure. * — Qu'ils sont heureux les hommes qui s'attachent à Dieu par l'unité de volonté, aimant, approuvant et respectant là

Analyse : 170. Booz aperçut dans son champ Ruth glanant les épis laissés par les moissonneurs.

sienne, et ne voulant en tout que ce que veut ce souverain maître !

Nᵒˢ 137-140 DE LA GRAMMAIRE.

Complétez les mots en italique.

171ᵉ Ex. — La modestie et la douceur sont des vertus *charmant*, elles sont sœurs de l'innocence ; elles exercent autour d'elles un irrésistible empire, il n'y a point de vertus plus *puissant* sur les cœurs. — Comme un baume *adoucissan*, la pensée du ciel tempère et calme toutes les afflictions de la terre. — Si l'on avait un peu de patience, on s'ôterait bien des chagrins : le temps en ôte autant qu'il en donne. Vous savez que nous le trouvons un vrai brouillon, *mettan*, *remettan*, *rangean*, *dérangean*, *impriman*, *effaçan*, *approchan*, *éloignan* et *rendan* toutes choses bonnes ou mauvaises, et presque toujours méconnaissables. — Il existe une racine dont l'odeur, *approchan* de celle du thym, est, dit-on, meurtrière pour les serpents, et qui, prise dans du vin, guérit de leurs morsures.

Analyse : 171. La pensée du ciel est une douce et fortifiante onction qui affermit le courage de l'âme.

Nᵒˢ 138-143 DE LA GRAMMAIRE.

Soulignez les participes passés qui ne sont pas accompagnés d'auxiliaires.

172ᵉ *Ex.* — Une multitude d'animaux placés sur la terre par la main du Créateur, y répandent l'enchantement et la vie. — Les récompenses accordées au mérite excitent l'émulation. — Nous disparaissons comme les fleurs qui, épanouies le matin, sont flétries le soir. — L'offrande faite d'un bien injustement acquis est rejetée du Seigneur. — Les parents aimés, respectés et chéris de leurs enfants, sont heureux de l'éducation qu'ils leur ont donnée. — Les méchants sont comme la mer agitée que rien ne peut calmer.

173ᵉ *Ex.* — Dieu, entouré des Anges, porté sur les nuées du ciel, viendra juger l'univers. — N'ayez point la main ouverte pour recevoir, et fermée pour donner. — Le bien amassé par des moyens injustes diminuera : celui qui en amasse par son travail le verra se multiplier.—

Analyses : 172. La ville de Rome placée au centre de l'Italie est la ville la plus célèbre de l'univers. — 173. Entre des ennemis acharnés, la bonne foi est très-rare.

Quand on est heureux, loué, porté par le vent de la louange, il faudrait faire sa prière constante de ces paroles : Seigneur, une épine de votre couronne !

Nos 138-143 DE LA GRAMMAIRE.

Complétez les mots en italique.

174e *Ex.* — L'angélique est commune sur les montagnes de la Suisse, des Alpes, des Pyrénées et de l'Auvergne. Sa racine est grosse, *allongé*, *renflé* au milieu, et *aminci* aux extrémités, noires et *ridé* en dehors, blanche intérieurement ; sa tige est rougeâtre, rameuse, *élevé* et *garni* de grandes feuilles qui l'embrassent par leurs pétioles. Elles sont deux fois ailées, alternes et *composé* de folioles ovales, pointues et *dentelé* en forme de scie. Ses fleurs paraissent pendant l'été : elles sont verdâtres et *disposé* en ombelles ; le calice offre cinq divisions. Le germe est *remplacé* par un fruit rond, *composé* de deux semences, convexes d'un côté et planes de l'autre.

Analyse : 174. Les choses bien dites sont mieux comprises *et* plaisent davantage.

Nᵒˢ 144-146 DE LA GRAMMAIRE.

Soulignez les participes passés *accompagnés du verbe* être.

175ᵉ *Ex.* — Celui qui s'attache à la justice est aimé du Seigneur. — L'impie sera rejeté à cause de sa malice : le juste, au contraire, sera rempli de biens. — Dans le ciel, nous serons couronnés d'une joie éternelle; la douleur et les gémissements en seront bannis. — Les impies seront enlevés comme la paille qu'un tourbillon emporte.— Celui qui a le cœur dur sera accablé de maux à la fin de sa vie, et celui qui aime le péril y périra. — On croit que le coton était connu du temps de Moïse, mais on ignore à quelle époque les tissus si variés qu'on en fabrique ont été inventés.

176ᵉ *Ex.* — Les premières épingles furent fabriquées en Angleterre, vers l'an quinze cent quarante-trois. Avant cette époque, les femmes se servaient de brochettes de bois pour attacher

Analyses : 175. Dans l'Arabie heureuse, l'air est embaumé par les fleurs.— 176. *Si* quelqu'un de vos frères est réduit à la pauvreté, n'endurcissez pas votre cœur *et ne* lui fermez pas votre main.

les diverses parties de leur parure. Les épingles à tête de métal fondu furent inventées en mil huit cent trois.*—Le mot faïence vient de la ville de Faënza, dans la Romagne, où l'on croit communément que cette poterie fut inventée; mais elle n'y fut que renouvelée, car elle était connue des Egyptiens. La première manufacture de faïence établie en France fut fondée à Nevers, par un Italien.

Nᵒˢ 144-146 DE LA GRAMMAIRE.

Complétez les mots en italique.

177ᵉ Ex. — Quand Isaac fut *devenu* grand, Abraham l'emmena par ordre de Dieu sur la montagne de Moria pour l'immoler. — L'iniquité, s'étant *répandu* sur toute la terre, avait corrompu tous les hommes, quand Dieu les extermina par le déluge. Mais Noé, devant être *épargné*, parce qu'il était juste, eut ordre de construire une arche.* Les eaux s'étant *écoulé*, Noé sortit de l'arche, offrit à Dieu un sacrifice

Analyse : 177. Avoir le cœur docile, c'est n'être point entêté de ses pensées, c'est être disposé à entrer dans celles des autres.

qui lui fut agréable. — Le phare d'Alexandrie, que vous ne serez pas *fâché* de connaître, était une tour de marbre, qu'un des rois d'Egypte avait fait bâtir.

Nᵒˢ 147-150 DE LA GRAMMAIRE.
Soulignez les participes passés accompagnés du verbe avoir.

178ᵉ *Ex.*— L'Evangile de Jésus-Christ est un Evangile de paix. Il nous forme à l'obéissance et non point aux révoltes; il nous apprend à souffrir la mort et non point à la donner. Les apôtres ne l'ont point prêché à la tête des armées; ils ne l'ont point annoncé le fer et le feu à la main; ils ne l'ont point établi en violant toutes les lois de l'équité, de la charité, de la société et de l'humanité. Le glaive dont ils ont usé était un glaive tout spirituel : c'était le glaive de la divine parole, et non point ce glaive matériel et exterminateur qui tue et qui ravage.

179ᵉ *Ex.* — J'ai félicité ces enfants de l'ar-

Analyses : 178. Celui qui a promis le pardon aux pénitents n'a point promis le lendemain aux pécheurs. —179. Les plus grands saints ont frémi à la pensée des jugements de Dieu.

deur qui les anime au travail : leur zèle a sur-
passé mes espérances et m'a comblé de joie. —
Les anciens avaient vu quelquefois des pierres
tomber du ciel, et ils les considéraient comme
détachées de la voûte céleste. * Les savants ont
nié pendant longtemps l'existence de ces pierres
extraordinaires, mais enfin ils ont dû céder à
l'évidence, et ils ont eu souvent occasion de véri-
fier la réalité de ce qu'ils prenaient pour un pré-
jugé populaire.

N⁰ˢ 147-150 DE LA GRAMMAIRE.
Complétez les mots en italique.

180ᵉ *Ex.* — Si nous connaissions bien l'énor-
mité du péché mortel, nous ne serions point
étonné que Dieu, pour un seul péché, ait *préci-*
pité du haut du ciel dans le fond des abîmes ses
plus nobles créatures, qui sont les Anges ; qu'il
en ait *fait* des réprouvés et des démons ; que,
sans leur donner le temps de se repentir, il les
ait *livré* pour jamais à toutes les rigueurs de sa

Analyse : 180. Notre-Seigneur a choisi douze apôtres
qu'il a instruits lui-même, *et* qu'il a envoyés, après lui,
annoncer son évangile.

justice. *Quel exemple! et, de cet exemple, quelle conséquence dois-je tirer? Que pour une seule désobéissance Dieu ait *chassé* nos premiers parents du paradis terrestre, qu'il leur ait *ôté* tous les priviléges de l'état d'innocence; qu'il les ait *condamné* à la mort. Quel châtiment! quelle vengeance!

181° *Ex.* — Toutefois les châtiments de Dieu sont équitables et l'équité même. Pour expier cette désobéissance, il a *fallu* que le Fils éternel de Dieu s'incarnât, s'humiliât, s'anéantît, puisqu'il n'y avait que les humiliations d'un Dieu qui puissent réparer la gloire de Dieu, et compenser l'injure qui lui avait été *fait* par le péché. *Pour un péché qui se commet dans un moment, Dieu a *préparé* une éternité de peines, et entre ces peines et le péché il y a une juste proportion : voilà ce que la foi m'enseigne.

Analyse : 181. Saint Pierre, le chef des apôtres, a fixé son siège à Rome d'où ses successeurs gouvernent toute l'Eglise.

CHAPITRE. VII.
Adverbe.

N°ˢ 151-159 DE LA GRAMMAIRE.

Soulignez les adverbes.

182ᵉ *Ex.* — Peu de biens avec la crainte de Dieu valent mieux que de grands trésors accompagnés de troubles. — Celui qui est indiscret dans ses paroles tombera dans beaucoup de maux. — Les choses sont tellement disposées sur la terre que la mort est partout. * — Non, non, et trois fois non, il n'y a point-ici-bas de bonheur, parce que toute heure est en la puissance de la mort. — Le sage se retient et ne laisse rien échapper à contre-temps ; l'insensé répand tout d'un coup au dehors ce qu'il a dans l'esprit.

183ᵉ *Ex.* — Dieu permet que tout se perde dans l'abîme d'un profond oubli et les hommes

Analyses : 182. Toutes les ténèbres de la nuit ne sont pas assez épaisses pour nous cacher à la lumière de la vérité suprême. — 183. En fait de fortune, dit Franklin, assez c'est justement un peu plus qu'on a.

plus que tout le reste.—Les hommes nous disputent presque toujours tout ce que la vérité ou la vanité nous attribuent.—La propreté du corps et une parure honnête sont regardées, avec **raison**, comme l'effet et l'indice d'une certaine modestie de mœurs, et du respect que nous portons partout : d'abord et principalement à Dieu, dont nous sommes les créatures, ensuite à la société dans laquelle nous vivons, enfin à nous-mêmes **que** nous devons effectivement respecter **autant et** plus que nous ne respectons les autres.

184° *Ex.* — Les conseils agréables sont rarement des conseils utiles. — Il y a beaucoup de bons conseils dans les mouvements d'un cœur honnête. — Ne pouvoir supporter tous les mauvais caractères dont le monde est plein, n'est pas d'un fort bon caractère : il faut, dans le commerce, des pièces d'or et de la monnaie. * — **Il** faut avoir assez d'empire sur soi pour que les objets de distraction ne deviennent point des sujets d'occupation. — C'est assez pour soi d'un

Analyse : 184. Grégoire XIII réforma le calendrier en mil cinq cent quatre-ving-deux, *et* cette réforme fut reçue immédiatement dans toute la catholicité.

fidèle ami, c'est même beaucoup de l'avoir rencontré ; mais on ne peut en avoir trop pour le service des autres. — Il n'y a rien que les hommes aiment mieux à conserver et qu'ils ménagent moins que leur vie.

N° 160 DE LA GRAMMAIRE.

Soulignez par un trait le comparatif *et par deux traits le* superlatif.

185ᵉ *Ex.*—Résistez constamment et le plus fortement que vous pourrez, avec le secours de la grâce, à la tentation, et vous n'y succomberez point. — Les âmes mondaines ne lèvent pas les yeux vers celui qui habite dans le ciel, elles attachent honteusement leurs pensées à la terre, et regardent très-dédaigneusement ceux qui s'élèvent au-dessus des objets terrestres, et qui font de leur salut l'objet principal de leurs pensées : en cela elles se trompent déplorablement.*—Ainsi vivent la plupart des hommes : s'ils sont dans la dépendance d'autrui, ils obéissent plus ponctuellement à leur maître qu'à Dieu ; s'ils ont de l'au-

Analyse : 185. Les enfants élevés avec soin se conduisent plus sagement *que* ceux abandonnés à leurs caprices.

torité, ils commandent avec hauteur, ils exigent beaucoup, ils pardonnent peu, et ils récompensent encore moins qu'ils ne pardonnent.

CHAPITRE VIII.

Préposition.

N° 161 DE LA GRAMMAIRE.

Soulignez les prépositions.

186ᵉ *Ex.* — La dévotion envers la Mère de Dieu convient à tous les âges, à toutes les conditions. L'enfance qui ne vit que de sourires, en trouve de célestes sur les lèvres de Marie. La jeunesse qui ne cherche qu'à donner son cœur, et qui le livre imprudemment à tout ce qui passe, a besoin d'un guide et d'un modèle. Marie est là vierge sage, le plus parfait modèle de toutes les vertus. L'âge mûr réclame aussi le conseil, la prudence et la force, car plus on avance dans la vie, plus le chemin devient pénible et laborieux.

Analyse : 186. Durant les persécutions de l'Église, on a immolé plus de douze millions de Martyrs.

187ᵉ Ex. — Marie est la mère de la sagesse incréée, elle reflète les plus purs rayons du soleil de justice; c'est la dispensatrice des grâces, le canal bienfaisant par où tous les dons du ciel découlent jusqu'à nous. Et la vieillesse penchée sur le cercueil, la vieillesse qui sent les derniers flots l'entraîner vers l'éternité, ira-t-elle seule s'aventurer sur ce nouvel océan sans fond et sans rivage? Non, non, elle n'oserait; l'étoile de la mer brille devant elle : Marie est l'espoir du juste mourant, le port du salut. Enfin le riche et le pauvre, le savant et l'ignorant, tous nous aimons le sourire d'une mère, et Marie est notre mère par excellence, pleine d'amabilités et de grâces. Honorons donc Marie, et loin de nous ces hommes coupables qui, par une impiété révoltante, rejettent un culte si consolant et si doux.

188ᵉ Ex. — Un arbre nous paraît beau quand il s'élève sur sa tige bien aplomb, quand ses

Analyses : 187. On ne trouve qu'amertume et déception parmi les joies du monde. — 188. La modestie du chrétien doit paraître dans ses paroles, dans ses démarches, dans ses habits, dans tout ce qui est à son usage.

points de vue où il lui plait de se montrer.* Les fleurs attachées à la terre par des liens qu'elles ne peuvent rompre, n'ont qu'une vie sans âme et sans mouvement : elles ne peuvent relever leurs grâces par une allure convenable.

192e *Ex.*— Regardez au contraire le roi d'une basse-cour : cette crête enluminée qui s'élève en forme de couronne, cet air de tête, cette marche, ce port : chaque pas vous représente un spectacle de grâces nouvelles. Enfin, ce qui est peut-être le plus à remarquer, les fleurs sont aveugles ; elles reçoivent nos regards sans nous les rendre.* Voulez-vous assister à un spectacle qui vous donne des spectateurs! Observez des oiseaux dans une volière, ou seulement un cygne qui nage sur les eaux : voyez comme il avance gravement, la tête levée, regardant autour de lui avec complaisance. Ne dirait-on pas qu'il est sensible à l'honneur de vos regards, et que, par reconnaissance, il s'étudie à les mériter?

Analyse : 192. Moïse était le plus doux des hommes, *et*, par là le plus digne de commander sous un Dieu qui est la bonté même.

Nᵒˢ 170-171 DE LA GRAMMAIRE.

Soulignez les régimes des prépositions.

193ᵉ *Ex.* — Sans flatter notre espèce, n'est-il pas visible, par la seule structure extérieure du corps humain, que la sagesse du Créateur s'est proposé de construire un palais digne d'une âme raisonnable? Je ne dis pas seulement par la majesté de ses traits; je dis par la multitude et par la nature des grâces qu'il y a répandues dans son visage, dans son port, dans ses manières. Il y en a un si grand nombre, qu'il faudra nous contenter d'en indiquer les principales.*

Premièrement, son visage ne paraît-il pas être formé pour être le siége de toutes les grâces? La sérénité de son front, qui vous annonce un abord facile; la douceur de ses yeux qui vous promet un accueil favorable; un entre-œil vivant, qui s'épanouit à votre présence; le souris de sa bouche, qui prévient la parole pour vous assurer du plaisir qu'il a de vous voir.

194ᵉ *Ex.* — Le tout renfermé sous une enve-

Analyses : 193. La foi élève nos pensées au-dessus de la terre. — 194. Les passions dégradent l'homme et le placent au-dessous des animaux.

loppe subtile et transparente, qui vous découvre, comme au travers d'une gaze fine, tous les sentiments de son âme. Nous n'y voyons pas, il est vrai, autant de couleurs que dans nos parterres ou sur le plumage de certains oiseaux ; du blanc et du rouge, parsemés avec art, en font tout le coloris.* La raison en est toute naturelle. Des couleurs trop multipliées en auraient banni des grâces beaucoup plus estimables. Il fallait, si j'ose ainsi dire, une toile rase ou légèrement colorée, pour recevoir à tout moment de nouvelles teintes, selon les circonstances, et pour en rendre les expressions plus touchantes.

195e *Ex.*—Son port n'est pas susceptible d'un si grand nombre d'agréments que son visage. Combien pourtant ne peut-il pas en avoir, quand on veut se rendre attentif à profiter des dons de la nature? Car que demande un port gracieux? un maintien droit, sans affectation; un attitude aisée, une contenance gaie et modeste, une démarche ferme sans pesanteur, et

Analyse : 195. Chaque chose a son temps, et, sous le ciel tout passe avec le terme qui lui est assigné.

légère sans précipitation ; * une certaine flexibilité d'organes pour prendre facilement ,tous les airs convenables aux égards que l'on doit à la société civile. Or, c'est à quoi le corps de l'homme a, dès son enfance, une disposition si naturelle, que, pour en former l'habitude, il n'a besoin que d'une attention assez médiocre, pourvu qu'elle soit un peu soutenue.

CHAPITRE IX.

Conjonction.

N° 172 DE LA GRAMMAIRE.
Soulignez les conjonctions.

196ᵉ *Ex.* — Rien ne se fait ici-bas, non plus que dans le ciel, que par la volonté ou par la permission de Dieu ; mais les hommes n'aiment pas toujours cette divine volonté, parce qu'elle ne s'accorde pas toujours avec leurs désirs. Aimons-la, n'aimons qu'elle, et nous ferons de la terre un ciel. — Nous devons remercier Dieu

Analyse : 196. Confions-nous en Dieu, car sa providence veille sur nous.

des maux comme des biens, puisque les maux
deviennent biens quand il les donne. *—Le temps
est précieux, mais on n'en connaît pas le prix;
on le connaîtra quand il n'y aura plus lieu d'en
profiter. Nos amis nous le demandent comme si
ce n'était rien, et nous le donnons de même.

197ᵉ *Ex.* — Lorsque Dieu forma le cœur de
l'homme, il y mit premièrement la bonté, comme
le propre caractère de la nature divine, et pour
être comme la marque de cette main bienfaisante dont nous sortons. — Une âme bien née,
si elle a des torts, ne saurait être en paix avec
elle-même, à moins qu'ils ne soient réparés. *—
L'homme est inconstant dans ses résolutions,
car tantôt il veut une chose, tantôt il en veut
une autre. — Tandis que tout change et périt
dans la nature, la nature elle-même reste im-
muable et impérissable. — Dieu ne permet pas
que nous goûtions ici-bas de bonheur certain,
afin que, ne trouvant rien de fixe, nous aspirions
à une félicité plus durable.

Analyse : 197. La sagesse est bonne, elle est accessible,
mais il faut l'aimer et travailler pour l'acquérir.

198ᵉ *Ex.* — La fortune est inconstante ; c'est pourquoi on doit toujours avoir des sujets de crainte dans la prospérité.—Les hommes vivent comme s'ils ne devaient jamais mourir ; à les voir agir on dirait qu'ils n'en sont pas bien persuadés.— Quand on me fait une injure, je tâche d'élever mon âme si haut que l'offense ne parvienne pas jusqu'à moi.— Nous devons choisir de bonne heure pour toute notre vie et pour toutes nos actions un but honnête, vertueux et possible, et nous y attacher de toutes nos forces, afin que notre âme se forme et se prête continuellement à toutes les vertus. — Si la vertu n'était pas le plus sublime élan du cœur, elle serait le plus sage calcul de la raison.

Nº 175 DE LA GRAMMAIRE.

Soulignez les régimes des conjonctions.

199ᵉ *Ex.*—Évitez, si vous êtes sage, de contester avec un esprit de travers, car soit que vous disputiez d'une manière grave et sérieuse,

Analyses : 198. Le bien qu'on fait n'est jamais perdu : si les hommes l'oublient, Dieu s'en souvient. — 199. Tout le monde sait que les années bissextiles sont celles dont le chiffre est exactement divisible par quatre.

soit que vous employiez une fine et agréable plaisanterie, vous ne viendrez pas à bout de le convaincre. — Telle doit être la vie chrétienne : soit que nous veillions, soit que nous dormions, vivons toujours avec notre Dieu et sous ses yeux.*— Quand on n'est pas attentif à la garde de son âme, il est facile au péché de la surprendre, de s'en rendre maître et de s'y multiplier, de même que l'ennemi du père de famille vint sans obstacle semer l'ivraie dans son champ, pendant que ses ouvriers dormaient.*— Esaü, après avoir vendu son droit d'aînesse, désira néanmoins hériter de la bénédiction paternelle qui avait déjà été accordée à Jacob, mais il ne put changer la résolution d'Isaac quoiqu'il l'en conjurât avec larmes.

CHAPITRE X.

Interjection.

N° 176 DE LA GRAMMAIRE.

Soulignez les interjections.

200ᵉ *Ex.* — Ah! que les charmes de la vertu sont puissants! — O cieux! soyez dans l'étonnement: il me semble que Dieu a plus haï le péché qu'il n'a aimé son propre fils! — Hélas! que ce qui nous paraît long par l'ennui et par la tristesse, nous paraîtra court quand la mort viendra!
— O suprême plaisir de pratiquer la vertu! — Oh! que la nature est sèche, qu'elle est vide quand elle est expliquée par des impies!

Analyse : 200. Quand le juste a été opprimé, les méchants ont triomphé dans leur cœur, et ils on dit : bon! courage! nous avons vu sa ruine.

DEUXIÈME PARTIE.

—

N° 177 DE LA GRAMMAIRE.

Complétez les mots en italique.

201° *Ex.* — L'expérience, hélas! trop conforme à l'oracle divin, ne nous montre que peu d'*homme* généreux et fidèles à la grâce qui *entre* fermement dans la voie étroite et difficile par où l'on arrive à la vie, et, au contraire, beaucoup d'*âme* ou *lâche* ou *sensuelle* qui *suive* le chemin large et spacieux dont le terme est une mort éternelle. La plupart des *homme sont* donc à plaindre de s'égarer de la sorte. Ainsi, quoi qu'il en ait coûté à Dieu pour les sauver, une multitude d'*insensé cour* tous les jours à leur perte; ils se perdent et bon nombre d'entre eux *porte* la folie à cet excès, qu'ils se rient même des avertissements par lesquels on leur montre le triste sort qui les attend.

Analyse : 201. Une infinité de péchés proviennent de l'oisiveté qui énerve le courage de l'âme.

N° 178 DE LA GRAMMAIRE.

Soulignez les mots de, des, servant à exprimer un sens collectif ou partitif.

202° *Ex.* — Heureux celui qui verse dans le sein des pauvres d'abondantes aumônes et qui joint à ses saintes largesses de douces et de miséricordieuses paroles : Dieu lui prodiguera des dons encore plus précieux, sa grâce et son amour.* — Notre-Seigneur a souffert au jour de sa passion des angoisses mortelles dans son âme, des douleurs excessives dans son corps et une mort ignominieuse sur la croix. — La vue des souffrances du Sauveur procure à ceux qui l'aiment des consolations inexprimables au milieu des plus rudes épreuves.

N°ˢ 178-179 DE LA GRAMMAIRE.

Complétez les mots en italique.

203° *Ex.* — Sous la conduite des Apôtres,

Analyses : 202. Dans ces beaux lieux tout est fertile,
J'y vois des fruits, j'y vois des fleurs,
Je me dis en versant des pleurs :
Je suis l'arbre stérile.
203. L'innombrable armée des étoiles anime par leur éclat et leurs mouvements la scène magnifique de nos nuits.

toute la multitude des fidèles n'*avai* qu'un cœur
et qu'une âme ; et toute cette société naissante
des premiers chrétiens *persévérai* dans la prière
et dans la doctrine du Sauveur.* — Le jour de
la Pentecôte, lorsque l'Esprit-Saint se répandit
sur les disciples réunis dans le Cénacle, une
foule innombrable tant de juifs que d'étrangers
venu à Jérusalem, *accouru* au bruit du prodige :
saint Pierre leur annonça la parole de vie, et
une abondance de grâces *rempli* le cœur de ceux
qui crurent et qui demandèrent le baptême.

N° 180 DE LA GRAMMAIRE.

Soulignez les noms *susceptibles d'être employés*
dans les deux genres.

204° *Ex.* — Cette étoffe est d'une couleur de
rose charmant, c'est aujourd'hui la couleur
favorite qui, demain peut-être, aura éprouvé l'in-
constance de la mode. — Un couple de pigeons
est suffisant pour peupler une volière, une
couple de pigeons ne suffit pas pour le dîner
de dix personnes.*—Les hommes sensuels rêvent

Analyse ·204. Au ciel il nous sera donné d'entendre les
hymnes immortels des Anges.

le délice abrutissant de la bonne chère, mais les âmes vertueuses ne goûtent que les pures délices de la vertu.

N° 181 DE LA GRAMMAIRE.

Soulignez d'un trait les noms inusités au singulier et de deux traits les noms inusités au pluriel.

205ᵉ *Ex.* — L'abondance de l'or et de l'argent n'est point ce qui peut rendre heureux et satisfaire le cœur de l'homme ; car il est bien rare que l'on possède un riche trésor sans peine, et ce n'est jamais qu'aux dépens de sa tranquillité que l'avare grossit le sien : souvent-même pour augmenter ses sordides épargnes, il s'impose de dures privations ; la faim et la soif lui sont moins intolérables que la perte d'une pièce de monnaie* : c'est un esclave, un adorateur de l'or, et il y a une souveraine vérité à dire que l'avarice est une sorte d'idolâtrie. — L'adolescence est l'âge de l'espérance, c'est alors qu'il importe de former l'homme à contracter l'ha-

Analyse : 205. Le monde ne compte tant de malheureux, l'enfer tant de victimes, que parce que la sagesse n'habite plus la terre.

bitude des bonnes mœurs : la vieillesse est l'âge des regrets quand il ne lui est pas donné de recueillir les fruits d'une vie sage.

Nº 182 DE LA GRAMMAIRE.

Complétez les mots en italique.

206ᵉ *Ex.* — Les *chauve souris* ne nous paraissent si hideuses que parce qu'elles semblent appartenir à la classe des *être monstre* : *demi-quadrupède* et *demi-volatil*, elles ne sont cependant ni tout l'un ni tout l'autre. — Quoique pour l'ordinaire les *contre-vérité* aient pour but d'insinuer un sens contraire à celui que les paroles expriment, cependant elles induisent faciment en erreur, parce qu'on n'aperçoit pas toujours l'ironie que souvent elles contiennent. — Depuis ce matin un sot importun n'a fait que nous obséder de ses discours sans suite, ce sont des *coq-à-l'âne* à fatiguer les plus patients ; je lui aurais donné vingt *passe-port* pour un, tant je désirais la fin de tous ses contes.

Analyse : 206. Tous les maux ont leurs biens contraires, comme les poisons ont leurs contre-poisons.

N° 194 DE LA GRAMMAIRE.

Soulignez les régimes des adjectifs.

207ᵉ *Ex.* — Lorsqu'on manque de caractère on ne sait pas garder un juste milieu ; on est sévère ou indulgent envers les autres, non par raison, mais par caprice; tout homme qui se laisse dominer par un tel défaut se fait tort à lui-même en se privant de la confiance de ses semblables. — Soyez bons et indulgents à l'égard des enfants, c'est le plus sûr moyen de les rendre doux et dociles envers leurs parents et leurs maîtres. — La patience est nécessaire, indispensable même pour quiconque veut avancer dans le chemin de la vertu, car telle est la faiblesse de l'homme que, s'il ne s'arme de courage, la moindre difficulté fera échouer ses meilleures résolutions.

N° 195 DE LA GRAMMAIRE.

Complétez les mots en italique.

208ᵉ *Ex.* — Lorsque David fuyait son fils Ab-

Analyses : 207. Quel pécheur n'a pas éprouvé que Dieu est un père clément et miséricordieux envers les enfants prodigues qui reviennent à lui. — 208. Ma feue tante, dont la mort m'a causé tant de regrets, n'habitait notre ville que depuis une demi-année.

salon, il montait la montagne des Oliviers *pied-nu* et arrosant le chemin de ses larmes.— Quand Dieu apparut à Moïse dans le buisson ardent, il lui ordonna de quitter sa chaussure et de n'approcher que les *pied nu* du lieu santifié par la présence du Très-Haut.* — J'avais reçu de *feu* ma marraine, qui m'aimait beaucoup, autant de bons exemples que de sages conseils dont le souvenir m'est toujours cher et utile.— J'ai entendu sonner cette nuit deux heures et plusieurs *demi* ; je me suis levé à cinq heure et *demi*, et il ne faisait encore qu'une *demi*-clarté.

N° 196 DE LA GRAMMAIRE.

Soulignez les adjectifs *employés comme noms.*

209ᵉ *Ex.*—Le sage se détermine toujours dans son choix avec un goût sûr et solide; c'est pourquoi il préfère l'utile à l'agréable, mais en subordonnant toujours son intérêt à celui de la justice. — Il y a sept couleurs primitives qui se peignent dans l'arc-en-ciel, ce sont : le rouge, l'orangé, le jaune, le vert, le bleu, le violet et

Analyse : 209. Le sage n'affirme rien qu'après une mûre réflexion.

le pourpre ; de ces sept couleurs, en ne comptant pas celles qui sont composées, il n'en reste que trois, le rouge, le jaune et le bleu. Ces trois couleurs ont chacune ce qu'on appelle leurs couleurs complémentaires ; la couleur complémentaire du rouge est le vert ; celle du jaune est le violet, et celle du bleu, l'orangé. — Faisons tant que nous voudrons les braves, a dit Pascal : l'éternité, l'enfer ou le ciel, voilà la fin qui attend la plus belle vie du monde.— Préférez toujours l'honnête à l'utile, le devoir à l'intérêt. — Ne dites pas également le vrai et le faux, mais n'aimez que la vérité.

N° 197 DE LA GRAMMAIRE.

Soulignez les adjectifs susceptibles d'un sens différent suivant qu'ils précèdent ou suivent le nom.

210° *Ex.* — On aurait pu dire en voyant Alexandre, roi de Macédoine : Voilà un grand homme, parce qu'il s'était rendu illustre par ses

---

Analyse : 210. C'est une triste recommandation dans le monde que d'être à la fois un pauvre homme et un homme pauvre.

conquêtes; mais on n'aurait pas pu dire : Voilà un homme grand, parce qu'il était de petite taille. L'histoire nous fait connaître plusieurs autres grands hommes qui, de même que ce prince, ne furent pas des hommes grands de taille, mais grands par leur génie ou par leurs exploits. * — Quelquefois le maître de la maison se sert, par mégarde, d'une clef fausse qui ne va pas à la serrure; mais c'est d'une fausse clef dont le voleur a soin de se munir pour commettre ses larcins. — Être brave homme et être un homme brave, ce ne sont pas deux qualités qui s'excluent; elles se prêtent, au contraire, une mutuelle valeur, et n'en deviennent que plus dignes d'estime lorsqu'elles sont réunies dans la même personne.

Nᵒˢ 198-199 DE LA GRAMMAIRE.

Complétez les mots en italique.

211ᵉ *Ex.* — Il existe en Chine une tour de porcelaine, qui est un chef-d'œuvre de l'art :

Analyse : 211. A cause de la courbure de la terre, un homme de cinq pieds de haut ne pourrait voir qu'à une distance d'environ cinq mille trois cents toises.

elle est haute de quatre *vingt*-treize mètres, et on arrive à son sommet par un escalier qui a quatre *cent* marches. — On fait remonter la découverte de l'imprimerie à l'an *mil* quatre *cent* quarante; depuis cette époque on l'a considérablement perfectionnée, et tous les jours encore elle fait de nouveaux progrès.* — Le premier voyage autour du monde a été fait par François Drak, en l'an *mil* cinq *cent* quatre-*vingt*; son exemple a été suivi depuis par d'habiles géographes qui nous ont transmis, sur le globe que nous habitons, des découvertes fort intéressantes.

N° 200 DE LA GRAMMAIRE.

Soulignez les adjectifs possessifs.

212ᵉ *Ex.* — Lorsque le bien-aimé disciple du Sauveur fut exilé dans l'île de Pathmos, il lui fut donné, comme pour prix de ses souffrances, de voir dans un esprit prophétique les élus de Dieu qui devaient un jour peupler la Jérusalem

Analyse : 212. L'âme tend vers les cieux : notre seule
[faiblesse
La détourne d'un vol digne de sa noblesse.

céleste, et telle était l'immense multitude des bienheureux, que personne ne pouvait en compter le nombre ; il y en avait de toute nation, de toute tribu, de tout peuple et de toute langue. * — Le cœur de l'homme qui n'attache point ses désirs au ciel et qui n'y porte point les flammes de son amour ne saurait être constant ni satisfait dans ses affections, et il se consume vainement à chercher son repos et sa félicité où elle ne peut être. * — De quelques biens que jouisse le cœur de l'homme il est si insatiable qu'il n'y a que le souverain bien qui puisse en éteindre la soif, et que l'immensité de Dieu qui puisse répondre à l'immensité de ses désirs.

Nº 201 DE LA GRAMMAIRE.

Employez les adjectifs son, sa, ses, *ou les adjectifs* leur, leurs, *suivant que l'exige la règle.*

213ᵉ *Ex.* — La divine Providence, en assignant à chacun. . . fonctions particulières, a prétendu que nous nous prêtassions un mutuel secours. — Ils ont apporté des offrandes au

Analyse : 213. Les étoiles qui brillent au firmament ont chacune leur clarté.

temple, chacun selon. . . moyens et. . . dévotion. — Les langues ont chacune. . . bizarreries qu'on a appelées du nom général d'idiotisme. — Tous ceux qui étaient dans la maison en sont sortis chacun à. . . . tour. * — Ces deux voyageurs, l'un Russe, l'autre Français, partis chacun de. . . . pays, se sont rencontrés un an après, en Égypte. — Les Saints ont eu chacun . . . . vertus et. . . . . mérites distinctifs; mais ils avaient aussi les autres vertus qui complètent la justice de l'âme. — Tous les juges ont opiné chacun selon. . . conscience.

Nᵒˢ 204-205 DE LA GRAMMAIRE.

Soulignez par un trait le, la, les, *articles; par deux traits* le, la, les, *pronoms.*

214ᵉ *Ex.* — Lorsque tout nous réussit, nous croyons que nos succès couvrent nos fautes, mais bientôt nos revers les rappellent. — Dieu par sa divine providence se montre toujours un bon père, les créatures du ciel et de la terre le

Analyse : 214. Deux fois par jour, les eaux de l'océan s'avancent sur ses rivages, et deux fois elles les abandonnent : c'est le flux et le reflux de la mer.

bénissent ; l'homme seul l'oublie et néglige de chanter les louanges de son Créateur. * — L'habileté d'un bon maître consiste à prévenir les fautes au lieu de les punir. — J'aime la sainte religion dans laquelle j'ai eu le bonheur de naître, je l'aime, et mes vœux sont non-seulement de la pratiquer, mais encore de pouvoir la servir de tous mes moyens et de contribuer, tous les jours de ma vie, à la faire connaître et à la faire révérer.

Nᵒˢ 210-211 DE LA GRAMMAIRE.
Complétez les mots en italique.

215ᵉ *Ex.* — Les Anges gardiens ont des droits particuliers à notre reconnaissance ; *c*. . . . . . eux qui nous protégent et dont les célestes inspirations, quand nous sommes dociles à les écouter, nous dirigent sûrement dans les sentiers de la vertu. * — Le serin et le rossignol sont deux oiseaux charmants ; *celui*. . . est le musicien des bois, et *celui-*. . le musicien des chambres. — *C*. . . . . les Juifs qui ont attaché Notre-Sei-

---

Analyse : 215. Ce sont de grandes illusions que les vaines promesses de bonheur que fait le monde.

gneur à la croix, mais c....nos péchés qui ont été la cause de ses souffrances et de sa mort." — Les petits enfants ont toujours beaucoup de questions à faire : Pourquoi *ce.* . .? Comment *ce.* . .? Il faut savoir profiter habilement, pour leur instruction, de cette curiosité naturelle.—*C.* . . . . des Apôtres et de leurs successeurs que l'Église tient toutes les vérités qu'elle nous enseigne.

Nᵒˢ 213-214-215 DE LA GRAMMAIRE.

Employez les pronoms relatifs qui, que, *ou* lequel, laquelle, *suivant que l'exige la règle.*

216ᵉ *Ex.* — Le bonheur du ciel......... nous aspirons mérite bien d'être acheté par quelques efforts passagers; ces efforts...... doivent être couronnés par une éternité de joie et de gloire : nous paraîtraient-ils donc trop pénibles pour que notre lâcheté s'en effrayât? — Personne n'est plus esclave que celui..... est asservi à ses passions.* — Les élèves......... nous avons accordé des récompenses en mériteront

---

Analyse : 216. Avant le temps, le monde et le jour qui l'éclaire, Dieu régnait en lui-même unique et solitaire.

de plus grandes , si leur application se soutient.
— Si vous voulez rendre votre conversation
agréable , sachez vous mettre en rapport avec
l'âge , les connaissances et la position des personnes en face....... vous vous trouvez.* — La
statue de la sainte Vierge...... orne notre classe,
vers........... je tourne souvent mes regards ,
semble nous sourire. — Les soins......'votre
mère a prodigués à votre enfance ne doivent
jamais s'effacer de votre souvenir.

N° 216 DE LA GRAMMAIRE.

Complétez les mots en italique.

217ᵉ *Ex.* — La paresse, *tout* engourdie qu'elle
est , fait plus de ravages que la plupart des
autres défauts que l'on remarque dans les enfants.
— Ces fleurs , *tout* agréables qu'elles sont à la
vue , sont néanmoins repoussantes pour l'odeur
qu'elles exhalent. — *Tout* belles que soient ces
images, elles ne me plaisent point , parce qu'elles
ne représentent que des objets profanes.* — La

Analyse : 217ᵉ Dieu n'avait pas encore exercé sa puis-
Il la manifesta tout entière en créant :   [sance ;
Son souffle, en un clin d'œil, féconda le néant.

Grèce, *tout* polie et *tout* sage qu'elle était, avait cependant reçu les mystères et les cérémonies des païens avant que la lumière de l'Évangile eût lui sur le monde.* — Cette maison, *tout* habitable qu'elle est, a le désagrément d'être trop isolée. — Les pensées de l'homme juste sont *tout* nues, parce qu'il ne cherche point à marcher dans des voies obscures et cachées.

N° 217 DE LA GRAMMAIRE.

Complétez les mots en italique.

218° *Ex.* — *Quelque* peines que l'on vous fasse, *quelque* chagrins que l'on vous cause, ne rendez point le mal pour le mal, mais pardonnez de bon cœur, et vous deviendrez, par votre charité et votre miséricorde, les enfants du Père céleste.* — Une femme ruine bientôt sa maison, *quelque* grands biens qu'elle y ait apportés, si elle y introduit le luxe, avec lequel aucun bien ne peut suffire. — Les choses qui font plaisir à croire sont toujours aisément crues, *quelque* vaines et *quelque* déraisonnables qu'elles puissent être.*

Analyse : 218. Quelle que soit la vitesse de la lumière, on ne pourra jamais la comparer avec la rapidité de la pensée.

— *Quel que* fût l'arrogance de Goliath, elle n'intimida point le jeune David, qui terrassa le géant sans autres armes qu'une fronde et un bâton. — *Quelque* sincère *que* paraisse être une personne, éprouvez sa fidélité avant de vous confier entièrement à elle.

N°ˢ 223-224 DE LA GRAMMAIRE.

Soulignez les sujets *placés après les verbes.*

219ᵉ *Ex.* — Les aigles, dit-on, lorsqu'elles exercent leurs petits à voler, les accoutument en même temps à regarder fixement le soleil. — Tel est le bon cœur de cet enfant qu'il ne peut voir souffrir un malheureux sans chercher à soulager sa misère. * — Pourquoi tant d'ambition? Sommes-nous plus heureux dans l'élévation que dans la médiocrité? — Nous écoutons avec docilité les conseils que nous donnent des amis sages, dévoués, et qui savent nous parler dans nos vrais intérêts. * — Puissent tous les peuples se convaincre qu'il n'y a pas de plus

Analyse : 219. Que sert de gagner l'univers,
Dit Jésus, si l'on perd son âme ;
Si l'on doit au fond des enfers
Brûler dans l'éternelle flamme.

d'Apollon, consacrée au soleil et assez élevée pour que les vaisseaux pussent passer à pleines voiles entre ses jambes : et ce qui peut donner une idée de ses prodigieuses dimensions, c'est qu'il n'y avait que bien peu d'hommes qui eussent les bras assez longs pour embrasser seulement un de ses pouces.

N° 235 DE LA GRAMMAIRE.

Complétez les phrases par l'emploi des mots plus *ou* davantage, *suivant que l'exige la règle.*

221e *Ex.*—L'Europe est..... petite, mais aussi ..... peuplée que les autres parties du monde; et c'est encore dans l'Europe que les vives lumières de l'intelligence et de la civilisation brillent .... parce que les peuples de cette contrée ont reçu avec..... de docilité, la bienfaisante doctrine de l'Evangile qui est la lumière même de Dieu.*— Quelque estime que nous inspire une âme charitable dont la bourse est toujours ouverte à l'indigent, la modestie avec laquelle elle sait si bien cacher son aumône est encore ce que

Analyse : 221. Ne comptez pas avec Dieu, donnez-lui sans mesure, il vous rendra toujours davantage.

nous admirons........*— L'amour vient naturellement d'en haut, et comme il est ordinaire
qu'une mère aime ses enfants...... qu'elle n'en
est aimée, ainsi sommes-nous certains que Dieu
aime infiniment...... les hommes que ceux-ci
n'aiment Dieu : mais cette infériorité de notre
amour est un motif pour lequel nous devons
toujours aimer........ celui dont nous n'égale-
rons jamais la tendresse.

N° 238 DE LA GRAMMAIRE.

Complétez les phrases par l'emploi des mots près
de *ou* prêt à, *suivant que l'exige la règle.*

222ᵉ *Ex.* — On ne connaît souvent l'impor-
tance d'une action que quand on est..... l'exé-
cuter et qu'il ne reste plus de temps pour lui
ménager un meilleur résultat.— Il faut toujours
être.....écouter de bons conseils et à les suivre.*
— Les pluies et les fortes gelées ont cessé, les
fleurs printannières se sont déjà montrées dans
nos champs, le joyeux gazouillement des petits

Analyse : 222. Il nous a été dit de nous tenir toujours
prêts, parce que nous ne savons pas l'heure à laquelle
nous devrons rendre compte de notre vie.

oiseaux a commencé de se faire entendre ; les beaux jours, gracieux présent de la divine Providence, sont..... revenir.* — Il est bien..... être exaucé du Seigneur et d'obtenir miséricorde, celui dont le cœur, vivement touché de ses fautes, est..... accepter, comme de la main de Dieu, toutes ses peines en esprit d'expiation et de pénitence. — Une jeune personne qui est toujours ..... parler ne fait pas preuve d'une grande sagesse. — Que l'éternité est à craindre pour une âme qui n'y pense que lorsqu'elle est..... y entrer ! — C'est la marque d'un bon cœur que d'être toujours..... rendre service au prochain.

Nᵒˢ 239-241 DE LA GRAMMAIRE.

Complétez les phrases par l'emploi des mots autour ou à l'entour ; à travers ou au travers, selon que l'exige la règle.

223ᵉ *Ex.* — Quand Loth s'enfuit de Sodôme dont les crimes avaient provoqué la colère divine, il lui fut ordonné de ne point regarder

Analyse : 223. Il viendra ce jour de victoire,
Où paraîtront tous les élus
Autour du trône de Jésus,
Couronnés d'amour et de gloire.

derrière lui, et de ne point s'arrêter en aucun lieu......, mais de se sauver au loin sur une montagne. Pendant qu'il se retirait, le Seigneur fit tomber sur Sodôme, et sur tout le pays....... de cette ville coupable, une pluie de soufre et de feu qui réduisit tout en cendres.—Jean-Baptiste prêchait la pénitence encore plus par ses exemples que par ses paroles : il avait un vêtement de poil de chameau, et une ceinture de cuir...... des reins, et sa nourriture était de sauterelles et de miel sauvage. Il prêchait sur les bords du Jourdain, et l'on venait l'entendre en foule de tout le pays..... et de toute la Judée. — L'air est un corps diaphane....... duquel la lumière passe et arrive jusqu'à nous.

Nº 254 DE LA GRAMMAIRE.

Donnez un dérivé à chacun des mots suivants.

224ª *Ex.* — Abus..... accord...... acquit..... avis....berger....bois....bond....bord....bras.... champ....chant....conduit....dard....début....

Analyse : 224. La terre est le domaine étroit et passager
Où l'homme habite en étranger,
D'où la mort l'appelle à toute heure.

dispos... dépit... désert... doigt... drap... écha-
faud... éclat... excès... exploit... fard... fin...
fusil... galop... goût... gros... hasard... lard...

Nº 254 DE LA GRAMMAIRE.

Indiquez le radical *des mots suivants.*

225ᵉ *Ex.* — Débiter... créditer... camper...
cadenasser... engraisser..... extraire... exacti-
tude... cacheter... fagoter... favoriser... fière-
ment... institution... horizontal... oublier...
paysage... plomber... profitable... profondeur...
rabaisser... raisonnable... satiner... rebuter...
reporter... regretter... salutation... serpenter...
sourdement... tamiser... tricoter... vacciner...
souricière... soupirer... plisser...

Nº 256-264 DE LA GRAMMAIRE.

Mettez les accents *convenables sur les lettres qui*
doivent être accentuées.

226ᵉ *Ex.* — L'ame privee de la grace n'est

Analyses : 225. Si à midi l'on se place de manière à
tourner le dos au soleil, on a le nord devant soi, le sud
derrière, l'orient à droite et l'occident à gauche. — 226.
Nul de ceux qui croiront en Jésus-Christ d'une foi vive et
pratique ne périra, mais il aura la vie éternelle.

plus qu'un fantome de vie : c'est en ce sens qu'il fut dit a l'eveque de Sardes : Vous avez la reputation d'etre vivant ; mais vous etes mort. — La tres-sainte Vierge en obtenant la reconciliation des pecheurs, leur rend la vie. Si Dieu, dit un Saint, n'a pas detruit l'homme apres son peche, c'est en consideration de l'immaculee Vierge Marie et a cause de l'amour singulier qn'il lui portait ; et le meme Saint ne doute pas que toutes les misericordes accordees aux pecheurs de l'ancienne loi ne l'aient ete en faveur de Marie. C'est par elle que nous devons nous-memes chercher la grace, puisqu'apres que nous l'avons perdue, c'est elle qui l'a retrouvee. Elle n'a point trouve la grace pour elle-meme, car elle ne l'avait pas perdue, mais elle l'a trouvee pour les pecheurs, qui n'ont pas de plus assure refuge dans leur extreme detresse que la Mere des misericordes. Elle est l'esperance des coupables, l'echelle mysterieuse par laquelle ceux qui etaient tombes dans le precipice du peche s'en retirent et remontent jusqu'a Dieu, le trone de clemence d'ou le pardon decoule sur nous.

N° 265 DE LA GRAMMAIRE.

Employez les majuscules *suivant que la règle l'exige.*

227ᵉ *Ex.* — tandis que dans l'arabie le saint homme job, persécuté par le démon, offre un prodige de patience, les israélites sont opprimés par les égyptiens. moïse est exposé sur le nil : élevé par la fille du roi pharaon, il méprise les délices de la cour, et il entreprend de délivrer ses frères. * sous-sa conduite le peuple de dieu sort de l'égypte et passe à pied sec la mer rouge, dans laquelle sont engloutis les égyptiens qui les poursuivaient. cinquante jours après la sortie d'égypte, dieu donne sa loi du haut de la montagne de sinaï, au milieu des éclairs et du tonnerre. * les israélites rebelles errent quarante ans dans les déserts de l'arabie, josué introduit leurs enfants dans la terre de chanaan, laquelle prend le nom de terre d'israël. après la mort de josué, les israélites, souvent infidèles et souvent punis, sont autant de fois délivrés par

Analyse : 227. Le quantième est l'ordre des jours de chaque mois, en commençant par le premier.

des juges suscités de dieu. les plus célèbres sont gédéon, jephté, samson et samuël.

=====

EXERCICES SUPPLÉMENTAIRES

228e *Ex.*—LE CHAMEAU ET LE BOSSU.

Au son du fifre et du tambour,
Dans les murs de Paris on promenait, un jour,
Un chameau du plus haut parage ;
Il était fraîchement arrivé de Tunis ;
Et mille curieux en cercle réunis,
Pour mieux l'examiner lui fermaient le passage.
Un riche, moins curieux de compter des amis
Que de voir à ses pieds ramper un monde esclave,
Dans le chameau louait un air soumis ;
Un magistrat louait son maintien grave,
Tandis qu'un avare enchanté
Ne cessait d'applaudir à sa sobriété. *
Un bossu vint, qui dit ensuite :
Messieurs, voilà bien des propos,
Mais vous ne parlez pas de son plus grand mérite :
Voyez s'élever sur son dos

Analyse : 228. Souverain Maître que j'adore,
Prêtez l'oreille à mes accents,
Exaucez mes vœux innocents :
Dès le matin je vous implore.

Cette gracieuse éminence ;
Qu'il paraît léger sous ce poids,
Et combien sa figure en reçoit à la fois
Et de noblesse et d'élégance !
En riant du bossu nous faisons comme lui :
A sa conduite en rien la nôtre ne déroge,
Et l'homme, chaque jour, dans l'éloge d'autrui,
Sans y penser fait son éloge.

229ᵉ *Ex.* — On ne trouve de scorpions en France que dans les provinces méridionales. La piqûre de ces insectes occasionne des douleurs assez vives; mais elle est très-rarement suivie d'accidents graves, qui se dissipent d'eux-mêmes; cependant il est toujours plus prudent de recourir à l'emploi des moyens qui peuvent empêcher ces accidents de se développer : ainsi on appliquera sur la piqûre une compresse trempée dans l'alcali volatil étendu d'eau; on fera boire, à l'individu piqué, de trois à cinq gouttes d'alcali volatil, dans une tasse d'infusion de feuilles d'oranger, de tilleul ou de sureau.

Analyse : 229. O source de mon être ! O clémence infinie!
Source en qui j'ai puisé le salut et la vie,
Je t'aimerai, Seigneur !

La piqûre des araignées est peu dangereuse ; presque tous les effets se bornent à une enflure livide autour de la partie piquée ; cette enflure est quelquefois accompagnée d'une petite éruption. La douleur locale est assez vive, lorsque l'araignée est très-grosse.

On lavera la partie blessée avec de l'eau salée, et on y appliquera une compresse trempée dans la même eau.

C'est à l'inflammation que déterminent les brûlures, plutôt qu'aux brûlures elles-mêmes, que sont dûs les accidents graves qui en résultent ordinairement lorsqu'elles sont considérables ; il faut donc porter ses premiers soins sur l'emploi des moyens propres à diminuer l'inflammation, ou même à l'empêcher de naître.

On arrosera donc la partie brûlée avec de l'eau froide sans le moindre délai. Si l'on n'a pas d'eau froide sous la main, on appliquera sur la brûlure un corps froid, et, s'il est possible, de nature métallique. Si on peut se procurer de l'alun, on en fera dissoudre dans l'eau froide, et on appliquera sur la brûlure une compresse trempée dans cette solution ; on arrosera fré-

quemment la compresse pendant la première
heure, sans la laver, et pendant les cinq ou six
heures suivantes on aura soin de ne pas la laisser
dessécher.

230e *Ex.* — HYMNE DE L'ENFANT A SON RÉVEIL.

O Père qu'adore mon père,
Toi qu'on ne nomme qu'à genoux !
Toi dont le nom terrible et doux
Fait courber le front de ma mère !

On dit que ce brillant soleil
N'est qu'un jouet de ta puissance ;
Que sous tes pieds il se balance
Comme une lampe de vermeil.

On dit que c'est toi qui fais naître
Les petits oiseaux dans les champs,
Et donnes aux petits enfants
Une âme aussi pour te connaître !

On dit que c'est toi qui produis
Les fleurs dont le jardin se pare,
Et que sans toi, toujours avare,
Le verger n'aurait point de fruits.

Aux dons que ta bonté mesure
Tout l'univers est convié ;

Analyse : 230. Semblable aux jeunes fleurs que féconde
[la pluie,
Dans les pleurs l'amitié croit et se fortifie,

Nul insecte n'est oublié
A ce festin de la nature.

L'agneau broute le serpolet,
La chèvre s'attache au cytise,
La mouche au bord d'un vase puise
Les blanches gouttes de mon lait.

L'alouette a la graine amère
Que laisse envoler le glaneur;
Le passereau suit le vanneur,
Et l'enfant s'attache à sa mère.

Et pour obtenir chaque don
Que chaque jour tu fais éclore,
A midi, le soir, à l'aurore,
Que faut-il? Prononcer ton nom !

O Dieu! ma bouche balbutie
Ce nom des anges redouté :
Un enfant même est écouté
Dans le cœur qui te glorifie.

On dit qu'il aime à recevoir
Les vœux présentés par l'enfance,
A cause de cette innocence
Que nous avons sans le savoir.

On dit que leurs humbles louanges
A son oreille montent mieux ;
Que les anges peuplent les cieux,
Et que nous ressemblons aux anges.

Ah ! puisqu'il entend de si loin
Les vœux que notre bouche adresse,
Je veux lui demander sans cesse
Ce dont les autres ont besoin.

Mon Dieu ! donne l'onde aux fontaines,
Donne la plume aux passereaux,
Et la laine aux petits agneaux.
Et l'onde et la rosée aux plaines.

Donne aux malades la santé,
Au mendiant le pain qu'il pleure
A l'orphelin une demeure,
Au prisonnier la liberté.

Donne une famille nombreuse
Au père qui craint le Seigneur ;
Donne à moi sagesse et bonheur,
Pour que ma mère soit heureuse.

Que je sois bon , quoique petit,
Comme cet enfant dans le temple
Que, chaque matin , je contemple,
Souriant au pied de mon lit.

Mets dans mon âme la justice,
Sur mes lèvres la vérité ;
Qu'avec crainte et docilité
Ta parole en mon cœur mûrisse ;

Et que ma voix s'élève à toi
Comme cette douce fumée

Que balance l'urne embaumée
Dans la main d'enfants comme moi !

231ᵉ *Ex.* — L'écureuil est un joli petit animal qui n'est qu'à demi-sauvage, et qui, par sa gentillesse, par sa docilité, par l'innocence de ses mœurs, mériterait d'être épargné. Sa nourriture ordinaire sont des fruits, des amandes, des noisettes, de la farine et du gland ; il est propre, leste, vif, très-alerte, très-éveillé, très-industrieux ; il a les yeux pleins de feu, la physionomie fine, le corps nerveux, les membres très-dispos ; sa jolie figure est encore rehaussée, parée par une belle queue en forme de panache, qu'il élève jusque par-dessus sa tête, et sous laquelle il se met à l'ombre. Il se tient ordinairement assis, presque debout, et se sert de ses pieds de devant, comme d'une main, pour porter à sa bouche ; au lieu de se cacher sous terre, il est toujours en l'air ; il approche des oiseaux par sa légèreté ; il demeure comme eux sur la cime des arbres, parcourt les forêts en sautant de l'un à l'autre, y fait son nid,

Analyse : 231. La charité redoute une vaine apparence, Elle agit sans éclat, elle donne en silence.

5***

cueille les graines, boit la rosée, et ne descend
à terre que quand les arbres sont agités par la
violence des vents.

Il craint l'eau plus encore que la terre, et
l'on assure que, lorsqu'il faut la passer, il se
sert d'une écorce pour vaisseau, et de sa queue
pour voile et pour gouvernail. Il ne s'engourdit
pas pendant l'hiver ; il est en tout temps très-
éveillé ; et, pour peu qu'on touche au pied de
l'arbre sur lequel il repose, il sort de sa petite
bauge, fuit sur un autre arbre, ou se cache à
l'abri d'une branche. Il est trop léger pour marcher : il va ordinairement par petits sauts, et
quelquefois par bonds; il a les ongles si pointus
et les mouvements si prompts qu'il grimpe, en
un instant, sur un hêtre, dont l'écorce est fort
lisse.

232e Ex. — L'ANGE GARDIEN.

Veillez sur moi quand je m'éveille,
Bon Ange, puisque Dieu l'a dit ;

Analyse : 232. Le souverain de la nature
A prévenu tous nos besoins,
Et la plus faible créature
Est l'objet de ses tendres soins.

Et chaque nuit, quand je sommeille
Penchez-vous sur mon petit lit.
Ayez pitié de ma faiblesse,
A mes côtés marchez sans cesse,
Parlez-moi le long du chemin ;
Et pendant que je vous écoute,
De peur que je ne tombe en route,
Bon Ange, donnez-moi la main.

233ᵉ *Ex.* — A MARIE.

Vous êtes toute belle, ô Vierge que j'honore !
Vous êtes toute pure, ô Mère de mon Dieu !
La pudeur vous revêt, la grâce vous décore,
Et la gloire est sur vous comme un manteau de feu.

Secours des affligés, la terre vous implore ;
Reine des Séraphins, vous êtes leur seul vœu ;
Le jour est votre trône, étoile de l'aurore,
Et la nuit, sous vos pieds, déroule son manteau bleu.

Je voudrais, dans mon cœur, vous faire un sanctuaire:
Heureuse la demeure où vous daignez vous plaire,
L'autel où l'on vous prie est de tous le plus doux !

Je voudrais que mes chants redisent vos louanges,
Oh ! si j'avais le cœur et la voix de vos Anges,
Pour vous aimer, Marie, et pour parler de vous !

Analyse : 233. Le temps fuit ; la conscience crie ; la
mort menace ; l'enfer gronde ; et l'homme dort !

234e *Ex.* — LA RELIGION.

Oui, c'est un Dieu caché, que le Dieu qu'il faut croire,
Mais, tout caché qu'il est, pour révéler sa gloire,
Quels témoins éclatants devant moi rassemblés !
Répondez, cieux et mers ; et vous, terre, parlez.
Quel bras peut vous suspendre, innombrables étoiles ?
Nuit brillante, dis-nous qui t'a donné tes voiles ?
O cieux, que de grandeur, et quelle majesté !
J'y reconnais un maître à qui rien n'a coûté,
Et qui dans nos déserts a semé la lumière,
Ainsi que dans nos chants il sème la poussière.
Toi qu'annonce l'aurore, admirable flambeau,
Astre toujours le même, astre toujours nouveau,
Par quel ordre, ô soleil, viens-tu du sein de l'onde ?
Nous rendre les rayons de ta clarté féconde ?
Tous les jours je t'attends, tu reviens tous les jours ;
Est-ce moi qui t'appelle, et qui règle ton cours ?

Analyse : 234. Il ne faut pas se prêter aux vains plaisirs;
dès qu'on s'y adonne, on se prépare des regrets.

ANALYSES.

On pourra se servir, dans les analyses, des abréviations suivantes, pour les mots qui reviennent le plus fréquemment.

A.	Actif.	NEUT.	Neutre.
S'ACC.	S'accorde.	N.	Nom.
ADJ.	Adjectif.	NOMB.	Nombre.
ADJECTIV.	Adjectivement.	ORD.	Ordinal.
ADV.	Adverbe.	PARF.	Parfait.
ANTÉCÉD.	Antécédent.	PART.	Participe.
ART.	Article.	PASS.	Passif.
CARD.	Cardinal.	PERS.	Personne.
COM.	Commun.	PERSONN.	Personnel
COMP.	Comparatif.	PL.	Pluriel.
COND.	Conditionnel.	POSS.	Possessif.
CONJ.	Conjonction.	PRÉP.	Préposition.
CONT.	Contracté.	PRÉS.	Présent.
CONJUG.	Conjugaison.	PRON.	Pronom.
DÉM.	Démonstratif.	PROP.	Propre.
DIR.	Direct.	RAPP.	Se rapporte.
F.	Féminin.	RÉFL.	Réfléchi.
G.	Genre.	RÉG.	Régime.
IMP.	Impersonnel.	REL.	Relatif.
IMPÉR.	Impératif.	SIMP.	Simple.
INDÉF.	Indéfini.	SING.	Singulier.
INDIR.	Indirect.	SUBJ.	Subjonctif.
INF.	Infinitif.	SUJ.	Sujet.
INTERJ.	Interjection.	SUP.	Superlatif.
INTERR.	Interrogatif.	V.	Verbe.
M.	Masculin.		

POITIERS. — TYPOGRAPHIE ET STÉRÉOTYPIE OUDIN.

www.ingramcontent.com/pod-product-compliance
Lightning Source LLC
Chambersburg PA
CBHW072241270326
41930CB00010B/2226